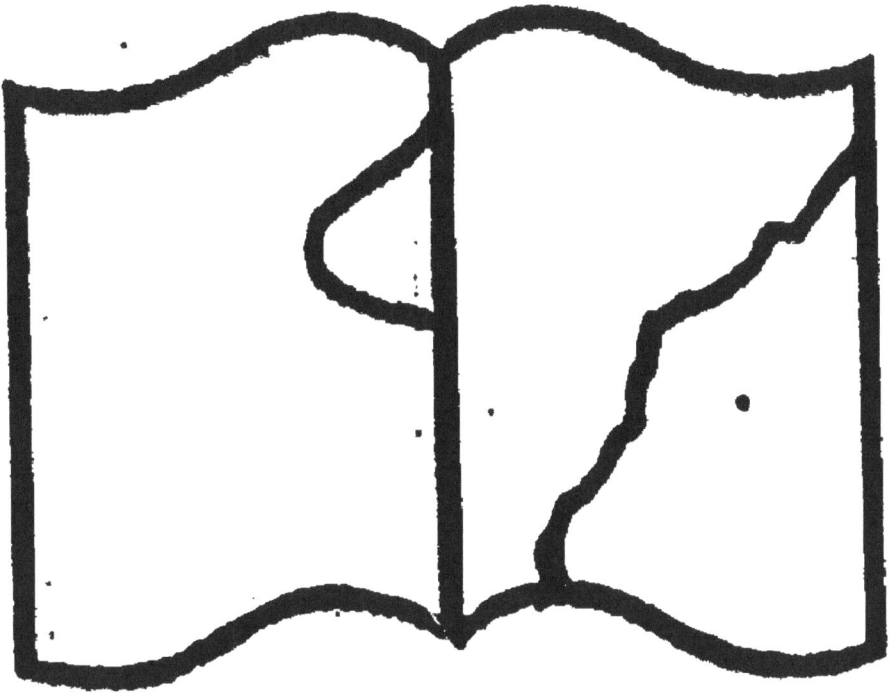

COUVERTURES SUPERIEURE ET INFERIEURE
DETERIOREES

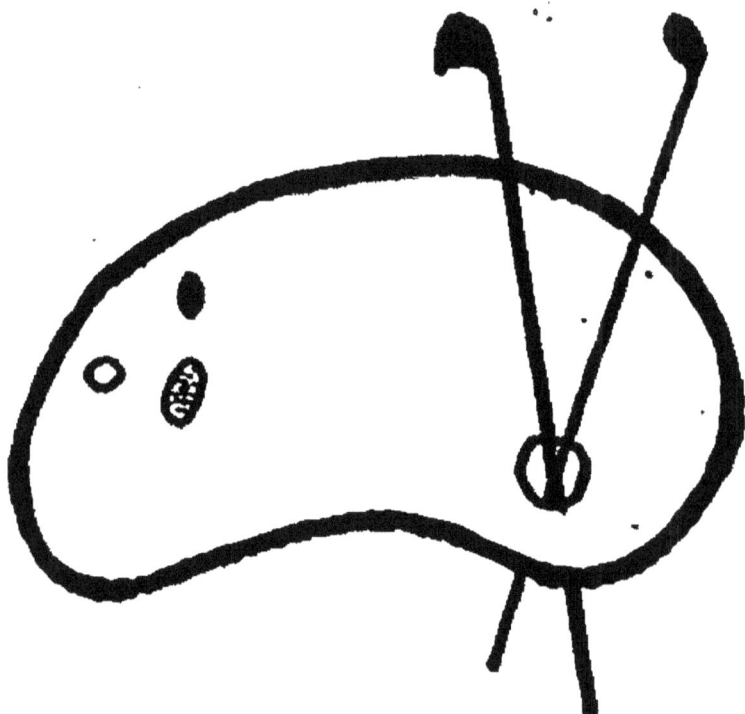

DEBUT D'UNE SERIE DE DOCUMENTS
EN COULEUR

LUCIEN DECOMBE

RECHERCHES D'HISTOIRE LOCALE

NOTES ET SOUVENIRS

Le Théâtre

à Rennes

RENNES

IMPRIMERIE FR. SIMON, SUCCESSEUR DE A. LE ROY

IMPRIMEUR BREVETÉ

1879

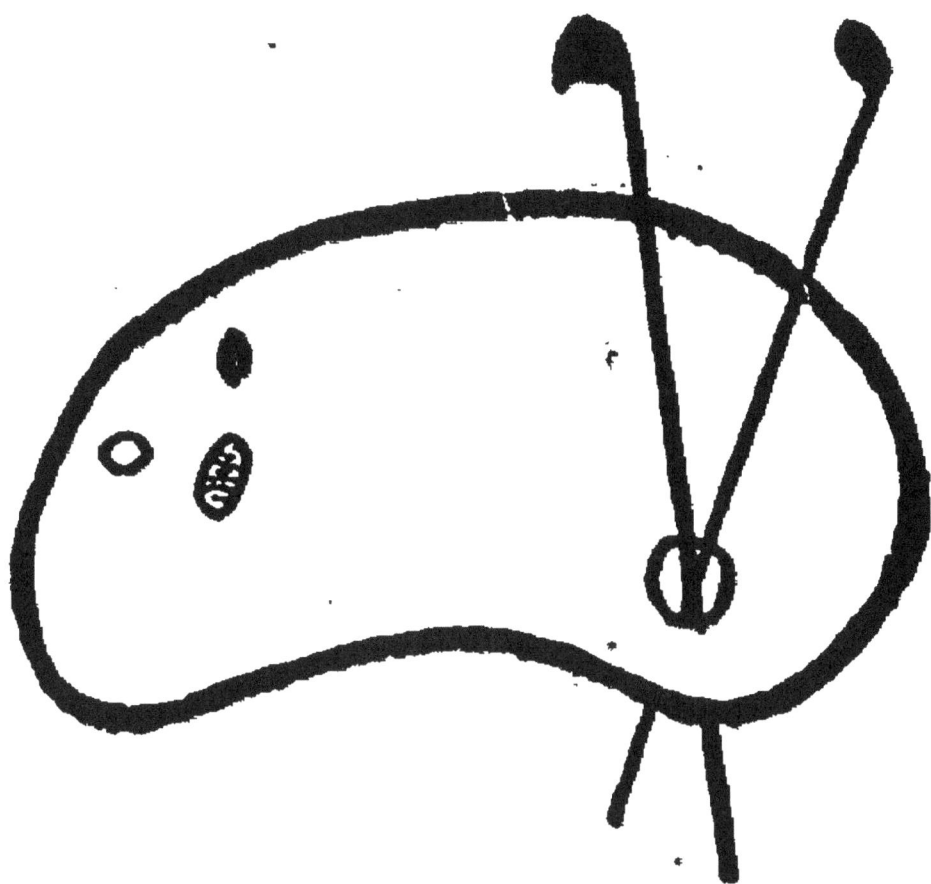

FIN D'UNE SERIE DE DOCUMENTS
EN COULEUR

Le Théâtre à Rennes

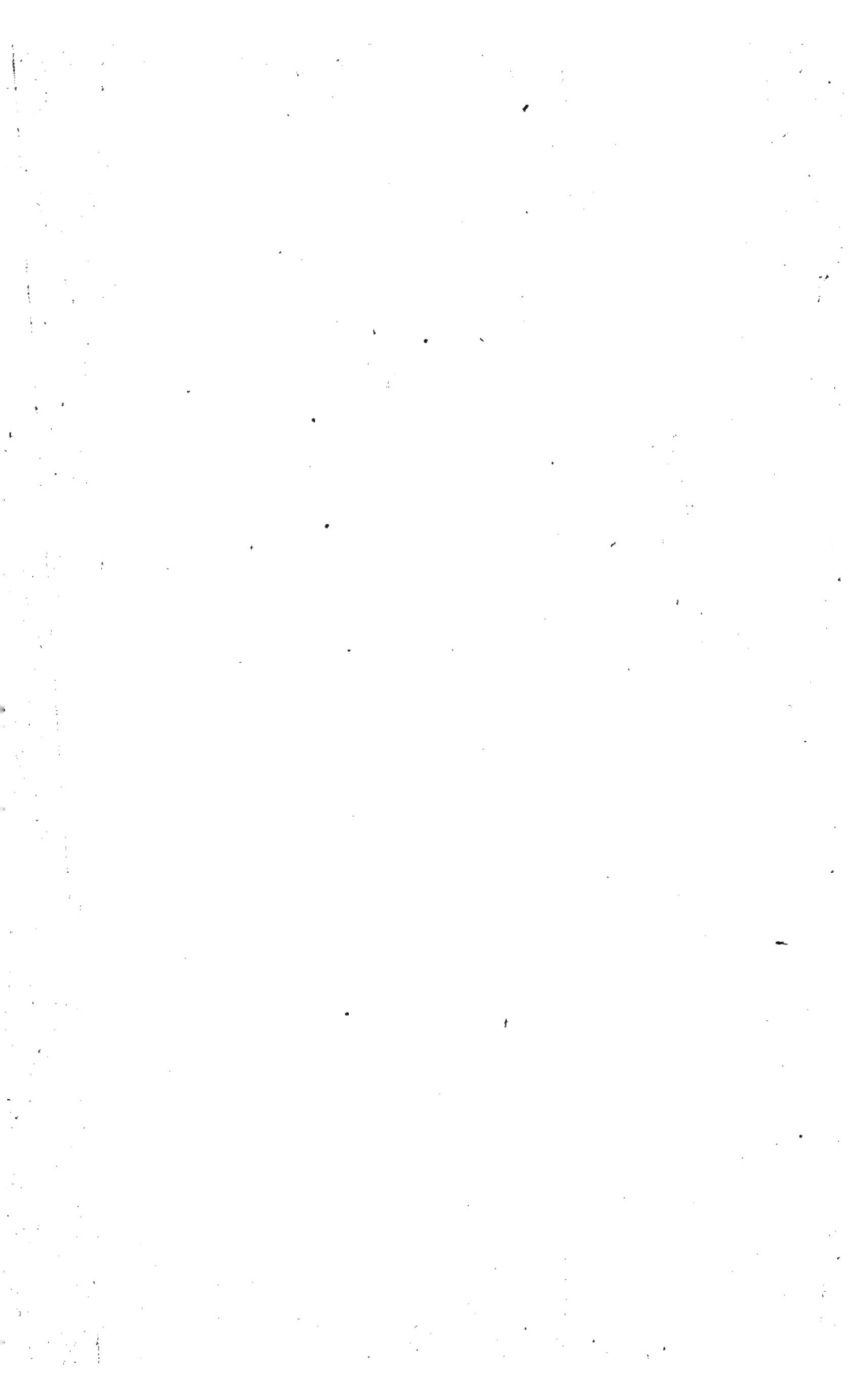

LUCIEN DECOMBE

RECHERCHES D'HISTOIRE LOCALE

NOTES ET SOUVENIRS

Le Théâtre

à Rennes

RENNES

IMPRIMERIE FR. SIMON, SUCCESSEUR DE A. LE ROY

IMPRIMEUR BREVETÉ

—

1899

AUX AMIS

du Vieux Rennes

———

Il nous prit fantaisie — il y a quelque dix ans de cela — de faire imprimer dans une feuille locale une série d'articles détachés sur le THÉATRE A RENNES. Nous n'avions pas alors jugé à propos de signer ces articles rédigés un peu à la hâte, au jour le jour, pour ainsi dire sans préparation, et surtout sans révision suffisante des textes, et aussi sans correction sérieuse des épreuves qui nous étaient souvent envoyées au dernier moment.

Cependant plusieurs vieux Rennais semblèrent prendre quelque intérêt à la lecture de ces RECHERCHES D'HISTOIRE LOCALE, quelque plaisir à l'évocation de ces souvenirs d'antan, et ils nous demandèrent de les réunir en un livre qui, disaient-ils aimablement, résisterait mieux au temps que les feuilles d'un journal, qui sont rarement recueillies et conservées.

Après bien des hésitations nous nous décidons enfin à suivre leur amical conseil.

Nous avons repris ici une partie de nos articles de 1889, mais non sans les avoir retouchés et surtout complétés par le produit de nouvelles recherches, par l'addition de nouveaux documents qui nous ont permis de donner plus de développements à la partie historique. Puis nous y avons ajouté plusieurs chapitres, ceux notamment qui traitent du petit journal-programme le FOYER, et qui n'étaient jamais sortis de notre portefeuille, si ce n'est pour être lus devant quelques amis et dans des réunions intimes.

Les rangs se sont bien éclaircis, hélas ! de ceux qui nous encourageaient il y a dix ans ; mais, heureusement, il en reste encore quelques-uns, et non des moins fervents amis du VIEUX RENNES.

Ce sont eux qui veulent bien insister de nouveau pour que nous imprimions ce livre. C'est à eux que nous le dédions.

LUCIEN DECOMBE.

Rennes, Octobre 1899.

CHAPITRE I

Au xvᵉ siècle, on ne connaissait d'autres productions dramatiques que les *Mystères*, les *Moralités* et les *Sotties*, d'autres acteurs que les Confrères de la Passion, les Clercs de la Basoche et les Enfants Sans-Souci.

La représentation des *Mystères* était exclusivement réservée aux membres de la Confrérie de la Passion, qui se contentaient de mettre en dialogue des scènes de l'Écriture ou des légendes empruntées aux Vies des Saints.

Les Clercs de la Basoche avaient la spécialité des *Moralités* qu'ils composaient et jouaient eux-mêmes.

C'étaient généralement des allégories d'un genre honnête et inoffensif, et dans lesquelles les acteurs prenaient des noms indiquant les caractères ou la situation des personnages qu'ils avaient à représenter, par exemple : Bien-Avisé, Mal-Avisé, Aumône, Jeûne, Espérance, Candeur, Péché, Foi, Raison, Vaine-Gloire, Fortune, Pauvreté, Humilité, Tendresse, etc.

Quant aux Enfants Sans-Souci, ils jouaient de préférence les *Sotties*, qu'on appelait aussi *Farces* ou *Pois pilés*, et dans lesquelles ils exerçaient librement leur verve satirique contre les abus, la sottise et le ridicule.

Les représentations des *Moralités* avaient généralement lieu à l'occasion de quelque grande solennité, comme l'entrée dans une ville d'un prince ou d'un personnage de marque; quelquefois lors de la fête patronale d'une paroisse ou d'une corporation.

Les *Sotties* ne se jouaient guère que dans les grandes villes où les basochiens faisaient leurs études.

Quant aux représentations des *Mystères*, elles coïncidaient le plus souvent avec la célébration des grandes fêtes de l'Église.

Il n'existait point alors de locaux spéciaux pour ces jeux scéniques, et l'on se contentait de ce que l'on trouvait : dans les campagnes, une grange suffisamment spacieuse; dans les villes, la halle, ou plutôt la *Cohue*, comme on disait alors; quelquefois même l'intérieur d'une église, comme à Fougères au xve siècle où l'on représentait le *Mystère de la Nativité* dans l'église Saint-Sulpice, pendant la nuit de Noël. Souvent le spectacle avait lieu en plein air, dans une prairie, dans un carrefour ou sur une place publique. On dressait un vaste échafaud, assez élevé au-dessus du sol pour que le jeu des acteurs pût être saisi de la foule, qui ne manquait pas de se presser à ces représentations.

Généralement les personnages étaient nombreux. Souvent on déployait un certain luxe de mise en scène et de figuration, et les scènes principales étaient quelquefois accompagnées de décharges de mousqueterie et même d'artillerie.

La plus ancienne représentation qui ait été signalée à Rennes y eut lieu le 25 mai 1430, jour de l'Ascension, en présence du duc de Bretagne Jean V. On la trouve ainsi mentionnée dans un compte de Guillaume Durdous, qui était alors *miseur*, c'est-à-dire receveur de la Ville, et comptable de ses *mises* ou dépenses :

Du jeudi XXVe jour de may (1430) qui fut la feste de l'Ansension.

A Raoullet Sequart, miseur des preparemens du mistère de la Passion, tant pour le chauffaut[1] de Monsr le duc que pour plusseurs autres chosses neccessaires pour ledit mistère, par le commandement et ordennance du Seneschal de Rennes, fut ordonné

---

1. C'est-à-dire l'échafaud ou l'estrade où se placèrent le prince et sa suite.

lui estre baillé, sur les deniers appartenans à la repparacion de ladicte Ville, la somme de deiz livres.

Item, audict mistère fut employé et mis, du commandement des Connestables, quatorze libvres de pouldre de canon[1].

Quelques années plus tard, au mois d'août 1439, Pierre de Bretagne, fils puiné du duc Jean V, vint à Rennes et assista à la représentation de *Bien-Avisé*. C'est ce que nous apprend le compte de Perrin Pepin, alors miseur :

A poié à Mons' Pierre de Bretaigne, *quand il vint à Rennes veoirs le jeu de Bien-Auisé*, le don que les bourgeois lui firent de LX marcs d'argent, dont ledit Pepin poia la somme de IIe livres. Et fut en aoust mil IIIIe XXXIX[2].

La pièce de *Bien-Avisé et Mal-Avisé* (tel est son véritable titre) était une de ces *Moralités* qui donnèrent naissance à notre théâtre comique, comme les *Mystères* furent l'origine de notre théâtre tragique[3].

Pierre de Bretagne, devenu à son tour duc souverain sous le nom de Pierre II, se souvint, paraît-il, de la représentation à laquelle il avait assisté à Rennes en 1439, car dix-sept ans plus tard, à l'occasion de son

1. Archives municipales de Rennes. Voir aussi *Bulletin de la Société des Bibliophiles bretons et de l'Histoire de Bretagne*, 1re année, 1877-1878.

2. *Ibid.*

3. Hippolyte Lucas a donné une très bonne analyse de cette Moralité dans son *Histoire philosophique et littéraire du Théâtre français* (3e édition, t. I, p. 13. Paris, E. Flammarion).

arrivée dans cette ville, il y fit jouer le *Mystère de la Passion*. Il existe en effet aux Archives municipales de Rennes un mandement de Pierre II, du 20 août 1456, ordonnant de payer « cinquante livres monnoye aux bourgeois pour les aider à faire les chauffaux du Mistère de la Passion Notre-Seigneur *que leur faisons jouer à notre arrivée audit lieu* ».

Nous ne parlerons que pour mémoire, — parce que cela ne rentre pas précisément dans notre sujet, — d'une représentation du *Mistère de la Passion Nostre-Seigneur Jhesu Crist* » que le comte de Laval, baron de Vitré, fit donner dans cette dernière ville le jour du vendredi saint de l'année 1492 et pour les frais de laquelle il octroya dix livres aux habitants « pour aider à leurs fraiz et mises[1] ».

Nous ne nous étendrons pas davantage sur une autre représentation de ce même Mystère qui eut lieu, également à Vitré, l'année suivante (1493) et pour laquelle le comte de Laval fit donner « cent sols monnoye » à un choriste de l'église collégiale de la Madeleine « pour ses vacacions et paines qu'il a eues de doubler et escripre le nombre de quatre-vingt-dix rolles... lesquelz rolles il doubla et grossa[2] ».

Bien que ceci nous éloigne un peu de Rennes, nous

1. Archives de Notre-Dame de Vitré et *Bulletin de la Société des Bibliophiles bretons, ut suprà*.

2. *Ibid.*

ne pouvons cependant passer sous silence les représentations qui avaient lieu à Fougères au xvᵉ siècle, le jour du Sacre ou de la Fête-Dieu et « ung jour ou deux davant et apres ladicte feste ».

Il existait à cette époque à Fougères une confrérie, dite du Saint-Sacrement, qui faisait jouer des Mystères avec une grande pompe, si l'on en juge par les comptes des prévôts de la confrérie pour l'an 1459. Cette année-là, on représenta le *Mystère des Trois Rois*, mais au lieu de jouer sur des estrades ou des échafauds, comme cela avait lieu habituellement, les acteurs débitaient leurs rôles sur des chars que l'on traînait dans les rues et carrefours de la ville. Le cortège était accompagné de « menestereulx » ou musiciens, et complété par d'autres chars sur lesquels on voyait des scènes et des groupes divers : le Crucifiement, les Apôtres, Pilate dans sa chaire, saint Antoine et ses compagnons, saint Michel revêtu « d'un hernoys complet, » saint Christophe portant sur son dos l'Enfant Jésus, etc. La fête se terminait par un festin qui avait lieu sous la halle.

Les villes n'avaient pas seules le privilège de ces représentations ; ainsi on trouve mention du « *Mystère de Madame Saincte-Barbe* », joué au mois d'août 1509, dans une de nos plus humbles bourgades, à Domalain, près La Guerche.

La grande affluence de peuple qui se pressait à ces

sortes de spectacles amenait nécessairement des querelles, et quelquefois des rixes qui dégénéraient en
désordres graves, suivis plus d'une fois de mort
d'homme. C'est précisément ce qui arriva à la représentation du *Mystère de Sainte-Barbe*, à Domalain, où
un gentilhomme, Amaury de Domagné, tua d'un
coup d'épée un nommé « Jehan Lambart, cordouanier,
demourant à Vitré »[1].

Le Parlement de Bretagne s'émut de ces désordres,
et, au xvie siècle, il se vit obligé d'interdire les représentations publiques des Mystères. Mais le peuple, déjà
habitué à ces fêtes, ne voulut pas en être complète-
ment privé : dans les campagnes comme dans les
villes, il s'organisa des sociétés de jeunes gens qui
récitèrent des scènes dialoguées, pâle souvenir des
Mystères à grand spectacle. Dans nos campagnes
d'Ille-et-Vilaine, il y a encore aujourd'hui des villages
où, pendant la Semaine Sainte et à l'époque de Noël,
de jeunes gars de quinze à vingt ans, affublés de per-
ruques en filasse et de travestissements improvisés au
moyen des oripeaux les plus disparates, armés d'épées
de bois et de vieux fusils de chasse, s'en vont le soir
de hameau en hameau, chantant des cantiques dialo-
gués, et récitant la *Passion* ou la *Vie d'Hérode*. Nous
nous souvenons qu'il y a une quarantaine d'années,

1. *Bulletin de la Société des Bibliophiles bretons, ut suprà.*

dans un faubourg de Rennes, à Saint-Hélier, un jeune garçon de quinze ans, habitant dans notre voisinage, nous emprunta une vieille épée qui devait lui servir à terrasser le démon dans une *Pastorale* où il jouait le rôle de l'archange saint Michel.

Tous les recueils de cantiques imprimés au siècle dernier, — et qu'on réimprimait encore il y a trente ans à peine — contiennent ces naïves scènes en vers boiteux et à rimes indépendantes. Nous en possédons un exemplaire imprimé à Dinan en 1785, et deux autres réédités de nos jours, l'un à Angers, l'autre à Fougères.

Voici les titres de quelques-unes de ces productions que nous relevons dans le recueil de Dinan :

I

Pastorale sur la naissance de Jésus-Christ, avec l'adoration des bergers et la descente de l'Archange Saint Michel aux limbes, par frère Claude Macée, hermite de la province de Saint-Antoine.

ACTEURS : La Vierge et Saint Joseph, — L'Hôte et l'Hôtesse de Bethléem, — Un Valet ou bien une Servante, — Un Ange qui annoncera aux Pasteurs, et quelques troupes d'autres Anges qui chanteront à plusieurs cœurs *(sic)*, — Dix Bergers et sept ou huit Bergères, — Ruben, vieil berger, — L'Archange Saint Michel, — Lucifer enchaîné et cinq à six Démons.

II

La Vie et l'Adoration des trois Rois, qui se joue par personnages.

LES PERSONNAGES SONT : La Vierge, — Le roi Hérodes, — L'Ecuyer, — Joseph, — Baltazar, — Gaspar, — Melchior, — L'Ange.

III

Le Massacre des Innocents, qui se joue par personnages.

LES PERSONNAGES SONT : Le roi Hérodes, — L'Ecuyer, — Le Lieutenant, — Les Innocents.

IV

Les regrets d'Hérodes sur le Massacre des Innocents.

La mise en scène des *Pastorales* était des plus simples et des plus élémentaires. La voici d'ailleurs, telle qu'elle est indiquée dans le recueil de Dinan, déjà cité :

AVERTISSEMENT. — La pièce se peut représenter sans théâtre ni sans changer de lieu, soit dans une chambre ou salle en un coin de laquelle on dressera une étable, et la porte de la chambre servira de porte de l'hôtellerie.

Marie et Joseph frappent à la porte pour demander à loger, l'hôte les refuse.

Joseph conduit un âne chargé de haches, marteaux et autres outils à charpentiers; et si le lieu ne permettoit pas d'avoir un âne, Joseph les portera dans un panier.

Une troupe d'Anges sera dans un coin, et les Pasteurs en l'autre, qui sortiront de derrière la tapisserie, excepté Guillot et Pierrot, bergers, qui paroîtront couchés et comme endormis chacun dans sa hutte.

Comme la mise en scène, les costumes étaient peu dispendieux. Celui des diables consistait en un simple pantalon noir.

Derrière une tapisserie l'on cache quatre ou cinq personnes *babillées en démons de pantalons noirs;* lesquelles jetteront feu et fumées, tenant chacune un flambeau allumé, faisant de grands cris et hurlemens, et courant sur le théâtre, sortent par un côté et entrent par l'autre à plusieurs fois, suivis de l'Archange qui, de son épée, les frappe en leur disant : Fuyez, maudits démons. de ces demeures sombres...

CHAPITRE II

IL y a loin des Mystères du XV° siècle aux Comédies et aux Tragédies du XVII°; mais, faute de documents locaux, nous sommes forcé de franchir d'un bond cette longue suite d'années, pendant laquelle s'est développée notre littérature dramatique et a pris naissance une profession nouvelle, celle de comédien.

Au XVII° siècle, Rennes, de même que toutes les autres villes des provinces de France, ignorait absolument ce qu'était une troupe sédentaire. On ne connaissait que des acteurs nomades, réunis en Sociétés ou Compagnies que l'on désignait sous le nom de *troupes de campagne*. Les acteurs étaient appelés *comédiens de campagne*[1].

Molière lui-même a dirigé une troupe de campagne qui parcourut une partie de la France et poussa une pointe jusqu'en Bretagne. Cette troupe joua-t-elle à Rennes? Nous ne le croyons pas. Tout ce que nous savons à son sujet, c'est qu'elle arriva à Nantes le 23 avril 1648, qu'elle y donna quelques représentations et qu'elle n'y resta que fort peu de temps, à cause du tort que lui causait la terrible concurrence d'un certain vénitien, Domenico Seguala, qui dirigeait une troupe... de marionnettes[2].

La première troupe de campagne dont nous trouvons la trace à Rennes y vint en 1606. Fut-elle la cause de

---

1. Voir sur ce sujet *Les Comédiens à Rennes au* XVIIe *siècle, Documents inédits,* publiés par M. F. SAULNIER (*Bulletin et Mémoires de la Société archéologique d'Ille-et-Vilaine,* t. XIV, pp. 259 et suiv.).

2. Le séjour de Molière à Nantes en 1648 est mentionné par plusieurs annalistes et historiens, notamment par MEURET, *Annales de Nantes,* t. II, p. 206; GUÉPIN, *Essais historiques sur les progrès de la ville de Nantes,* p. 89, et *Histoire de Nantes,* 2e édition, p. 317; TASCHEREAU, *Histoire de la vie et des ouvrages de Molière,* pp. 14-15 de la 3e édition, 1854; CHAPPLAIN, *Notice sur des documents inédits concernant l'histoire de la ville de Nantes, dans les Annales de la Société académique de Nantes,* t. VI; LESCADIEU et LAURANT, *Histoire de la ville de Nantes,* t. I, p. 297; Camille MELLINET, *La musique à Nantes,* etc. — Pour être complet et impartial, nous devons ajouter que l'assertion de ces divers auteurs a été vivement combattue par Louis de Kerjean dans la *Revue de Bretagne et de Vendée,* 2e série, t. III, p. 158 et suivantes.

quelques désordres ? Manqua-t-elle de déférence vis-à-vis du Parlement breton, qui avait seul alors la police des spectacles ? Nous l'ignorons. Tout ce que nous savons, c'est qu'il existe dans les *Registres secrets* de l'éminente Compagnie un arrêt portant la date du 16 août 1606, et qui est ainsi conçu :

La Cour a ordonné et ordonne que commandement sera fait aux comédiens estant en cette ville de se retirer, et leur fait inhibitions et deffenses de y continuer leurs jeux, sur peine de punition corporelle, et, fait entrer Loys, huissier, lui a esté enjoint de leur signifier le présent arrest[1].

Une autre troupe fut encore chassée de Rennes par ordre du Parlement, le 19 août 1619 :

La Cour enjoint au Sénéchal de Rennes et substitut du procureur général audit lieu, pour ce mandés... de faire retirer dans ce jour, de cette ville, les comédiens qui y sont à présent[2].

En 1663 vient à Rennes une troupe de comédiens[3] dans laquelle figurent Henry Pitel, sieur de Longchamps, comédien de M. le Prince (de Condé) ; sa femme Charlotte Le Grand, fille de Henry Le Grand, comédien ordinaire du roi ; son frère, Jean Pitel, sieur

1. Registres secrets du Parlement de Bretagne, CVII, f° 5 v°.
2. Registres secrets du Parlement de Bretagne, CXXXIII, f° 11 r°.
3. Voyez F. SAULNIER, *Les Comédiens à Rennes au XVIIe siècle* (*Bulletin et Mémoires de la Société archéologique d'Ille-et-Vilaine*, t. XIV, pp. 259 et suiv.).

de Beauval, qui remplissait dans la troupe l'emploi de
« moucheur de chandelles »; enfin Anne Pitel, fille
du sieur de Longchamps. Cette troupe de campagne,
— que l'on pourrait appeler la tribu des Pitel — avait
pour directeur un sieur Jean-Baptiste Monchaingre,
connu sous le nom moins prosaïque de Philandre.

En 1667, nous retrouvons à Rennes les comédiens
du prince de Condé, et parmi eux Henry Pitel et sa
femme, Charlotte Le Grand, ainsi que leur fille, Anne
Pitel, devenue la femme de Michel Durieux, aussi
comédien.

En 1672, ce sont encore les comédiens du prince
qui jouent à Rennes. Aux noms déjà bien connus des
Pitel viennent s'ajouter cette fois Jean Mignoc, sieur
de Mondorge, et « damoiselle Angélique Maissac sa
compagne »; Elisabeth de Bussy, femme de Resmond
Coiffier; Vincent du Bourg, sieur de Jolimont; Ange-
François Coirat, sieur de Belle-Roche : Nicolas
Desmares, sieur de Champmeslé, frère de la célèbre
Marie de Champmeslé.

En 1685, une compagnie de comédiens, qui s'intitule
« troupe royale », donne des représentations à Rennes.
On y trouve encore un Pitel, sieur de Longchamps,
prénommé Dominique, probablement un fils d'Henry
Pitel.

Nous avons eu la curiosité de rechercher ce qu'était
devenue dans la suite cette famille de comédiens, et

nous avons pu retrouver la trace de quelques-uns de ses membres.

Henry Pitel de Longchamps ne semble pas avoir fait fortune dans les troupes de campagne, car en 1691 il tenait, à la Comédie-Française, le modeste emploi de préposé à la recette des billets de parterre.

Plus heureux fut son frère, Jean Pitel de Beauval. Notre moucheur de chandelles de 1663 joua plus tard dans la troupe de Molière, puis dans celle de l'Hôtel de Bourgogne. Enfin il fut engagé à la Comédie-Française où il obtint quelques succès.

Anne Pitel de Longchamps et son mari, Michel Durieux, furent reçus tous deux à la Comédie-Française en 1685. Anne Pitel y était connue sous le nom de Mademoiselle Durieux. Elle fut pensionnée en 1700, et son mari, abandonnant le théâtre, obtint une place d'huissier de la maison du prince de Condé.

Henry Pitel avait une autre fille bien plus jeune qu'Anne. Elle se nommait Françoise. Elle aussi fut reçue à la Comédie-Française, où elle devint célèbre sous le nom de Mademoiselle Raisin.

En 1709, le séjour à Rennes d'une troupe de comédiens donna lieu à un échange de mots assez vifs entre l'évêque, Mgr de Beaumanoir de Lavardin, et le premier président du Parlement, Pierre de Brilhac vicomte de Gençay. Cette scène piquante est racontée dans une lettre du célèbre bénédictin rennais Dom Lobineau, publiée dans la *Correspondance historique des Bénédictins bretons*[1].

Le premier président, — qui aimait beaucoup la Comédie, à laquelle il assistait tous les jours « en robe », — s'entretenait avec l'évêque au sujet de mesures à prendre pour venir en aide aux pauvres, cruellement éprouvés à ce moment par la disette et la cherté des vivres. « Avant toutes choses, dit l'évêque, il faut congédier les comédiens, car il est honteux de voir ces gens gagner 80 ou 100 pistoles par jour, pendant que de nombreuses familles manquent de pain. » — « Je veux bien congédier les comédiens, répondit le président, mais à la condition que vous chasserez aussi les vôtres, tous ces moines fainéants qui vivent aux dépens du public et ne sont, au fond, que des bateleurs. »

Qui eut raison du prélat ou du magistrat? L'historien qui nous raconte cette querelle ne le dit pas.

En 1718, le 10 janvier, une troupe d'opéra dirigée par une demoiselle Dujardin, ou Desjardins, vint à Rennes pour y donner des représentations. Cette compagnie, qui avait précédemment joué à Rouen et qui venait de passer plusieurs mois à Saint-Malo,

1. Arthur DE LA BORDERIE, *Correspondance historique des Bénédictins bretons*. Paris, Champion, 1880.

avait la prétention de ne point être une troupe de
campagne comme les autres; elle se disait troupe
privilégiée, alléguant un contrat qu'elle aurait passé
avec l'Opéra de Paris pour jouer en province, avec
l'agrément du duc d'Orléans et du comte de Toulouse, gouverneur de Bretagne. La demoiselle Dujardin crut dès lors pouvoir se passer de l'autorisation
du Parlement. Elle se contenta de celle du maréchal
de Montesquiou, qui commandait à Rennes, et fit
afficher son premier spectacle pour le 15 janvier.

La veille de ce jour, le Parlement rendit un arrêt
portant défense à la troupe de jouer et ordonnant que
la porte du local dans lequel devait avoir lieu le
spectacle serait fermée et condamnée. Le maréchal
envoya sur-le-champ une garde de vingt soldats, avec
la consigne d'empêcher l'exécution de l'arrêt des juges.
Il fit en même temps publier à son de tambour, par
toute la ville, que le spectacle aurait lieu quand même
au jour et à l'heure qui avaient été indiqués. Le Parlement ne s'embarrassa pas pour si peu: le 15 au
matin, il rendit un second arrêt, confirmatif de celui
du 14, et le fit notifier à la demoiselle Dujardin.

Qu'allait faire le maréchal en cette occurrence?
Céder au Parlement eût eu pour effet d'amoindrir le
prestige de son autorité. D'un autre côté, résister aux
arrêts des magistrats était agir en bon courtisan vis-
à-vis du Régent et du comte de Toulouse, que la

2

Dujardin faisait passer, à tort ou à raison, pour ses hauts protecteurs... Mais les juges jouissaient d'une grande popularité, et il fallait bien les ménager un peu pour éviter que le peuple ne prît fait et cause pour le Parlement contre le Commandant militaire.

Grande était la perplexité de M. de Montesquiou, lorsque l'évêque de Rennes intervint fort heureusement dans le débat. Le prélat alla trouver le maréchal. Il lui fit comprendre que l'affaire pouvait entraîner de très graves conséquences si le peuple s'avisait de prendre parti dans la querelle, et il le supplia de ne point insister plus longtemps « pour ne pas aigrir les choses ». Le maréchal, heureux peut-être de l'intervention du prélat, simula d'abord quelque résistance, mais comme, au fond, il ne demandait pas mieux que de sortir d'un mauvais pas, il prit un biais et ordonna que les représentations de la troupe seraient simplement ajournées jusqu'au moment où le Régent lui-même, saisi de la question, aurait ordonné ce qu'il y avait lieu de faire.

Le Régent ne voulut pas—ou n'osa pas—aggraver le conflit par un acte d'autorité, et il se borna à *prier* les juges de *retirer* leur arrêt. C'est ce qui fut fait[1].

---

1. Les incidents auxquels donna lieu le séjour à Rennes de la Dujardin sont racontés dans l'*Histoire de la Conspiration de Pontcallec*, par M. Arthur de la Borderie (*Revue de Bretagne et de Vendée*, t. I, pp. 236 et suiv.). — Voir aussi, sur ce sujet, la correspondance de l'Intendant de Bretagne, de Brou, dans les *Recherches sur les États de Bretagne*, par M. DU BOCÉTIEZ DE KERORGUEN, t. II, pp. 289 et suiv.

Qu'arriva-t-il ? La noblesse, à laquelle M. de Montesquiou était profondément antipathique, avait embrassé la cause du Parlement, et, comme lui, elle s'abstint d'aller au spectacle. La bourgeoisie n'y allait guère. Les artisans et les ouvriers n'y allaient pas du tout. Le maréchal et ses partisans ne suffirent certainement pas à remplir la salle et surtout la caisse de la Dujardin, qui partit de Rennes en emportant un pénible souvenir de son séjour dans la capitale bretonne.

Le Parlement était vengé.

CHAPITRE III

N croit généralement qu'au cours des XVIIᵉ et XVIIIᵉ siècles les gens de théâtre étaient frappés d'excommunication en raison même de leur profession de comédiens. Ce n'était certainement pas à Rennes qu'ils étaient l'objet de pareille proscription. Pour s'en convaincre il n'y a qu'à compulser nos anciens registres paroissiaux conservés aux Archives municipales. On y rencontre un certain nombre d'actes de baptême, de mariage et de sépulture applicables aux gens de théâtre. On y voit aussi que l'Église les admettait sans difficulté comme parrains et marraines, et inscrivait même quelquefois à la suite de leurs noms, leur qualification de comédien ou comédienne.

Les comédiens n'étaient pas non plus des parias, comme on l'a dit souvent. Il y en avait qui fréquentaient les familles les plus honorables et les plus en vue, et ces familles, loin de cacher leurs relations avec les gens de théâtre, leur donnaient quelquefois des marques publiques d'estime. En voici des preuves :

Nous avons dit dans le chapitre précédent qu'une troupe de comédiens dirigée par J.-B. Monchaingre, dit Philandre, avait donné des représentations à Rennes en 1663. Elle y revint pendant l'été de 1667, et Jean Pitel de Beauval en faisait partie avec sa femme, Jeanne Olivier. Celle-ci donna le jour, le 3 juillet 1667, à un fils, François, qui fut baptisé le même jour en l'église paroissiale de Saint-Aubin. Il eut pour parrain un ecclésiastique, « noble et discret Missire François Bonnemez, prieur de Loyat[1] » et pour marraine, Angélique Ménier, la

---

1. Loyat était alors une paroisse du diocèse de Saint-Malo, de l'archidiaconé de Porhoët et du doyenné de La Nouée, prieuré-cure à la présentation de l'abbé de Saint-Jean des Prés. C'est aujourd'hui une commune du département du Morbihan, canton et arrondissement de Ploërmel. Ce prieur François Bonnemez serait-il de la même famille qu'un Jacques de Bonnemez, qui fut recteur de Montreuil-sous-Pérouse, au diocèse de Rennes, de 1724 à 1729 ?

propre femme de Monchaingre, dit Philandre[1].

En 1734, il y avait à Rennes une troupe de comédiens, dans laquelle se trouvaient un nommé François Hus et sa femme, Françoise-Nicolle de Keraufay. François Hus était danseur en même temps que comédien. Sa femme était comédienne et auteur[2].

Pendant leur séjour à Rennes, le 31 mars 1734, il leur naquit une fille qui fut solennellement baptisée par le recteur de Saint-Étienne. Elle eut pour parrain un des hommes les plus haut placés et à coup sûr des plus estimés de la province, le président de Robien; pour marraine, la dame Le Prestre de Châteaugiron, sœur du président de Robien et femme d'un président au Parlement. Plusieurs membres de la Cour souveraine signèrent l'acte de baptême, et non seulement eux, mais encore leurs sœurs, femmes ou filles présentes à la cérémonie.

Voici la copie textuelle de cet acte :

Adlayde Louise Pauline fille de n. h. (noble homme) François Hus et damoiselle Françoise Nicol du Keraufay, son épouse, née ce jour, a été baptisée par le Recteur et tenüe sur les s. s. fonts par haut et puissant messire Christophle Paul de Robien,

---

1. Archives municipales de Rennes. Registre des baptêmes de la paroisse de Saint-Aubin.

2. Françoise Hus fit jouer à la Comédie-Italienne, en 1758, une comédie, *Plautus rival de l'Amour*, qui eut un certain succès. Elle débuta en 1760 à la Comédie-Française dans l'emploi des caractères et ne fut pas reçue.

chevalier, seigneur dudit lieu, barron de l'Annauquer, vicomte de Querambourg, Plaintel, etc., Conseiller du Roy en tous ses conseils, président à mortier au Parlement de Bretagne, et haute et puissante dame Louise Jeanne de Robien, épouse de haut et puissant messire Jacque René Le Pretre, chevalier, seigneur barron de Chateaugiron, marquis d'Espinay Sévigné, Conseiller du Roy en tous ses conseils, président au Parlement de Bretagne, le 31 mars 1734.

> *Signé :* de Robien de Chateaugiron. — C. P. de Robien. — Adélaïde de Queraly. — Hyacinthe de Robien. — Jullienne de Robien. — de Derval du Dourdu. — de Kermenguy de Trofagan. — Le Prestre de la Potherye. — de Kergus Trofagan. — Jannes de Robien de Keranbourg. — Thérèse Le Prestre de Chateaugiron. — Champion du Bruit de Charville. — Hus Desforges. — Marianne Desforges. — François Hus. — Louis sir Le Roy de la Potherye. — Fourteuille. — Le Loué, recteur de Saint-Étienne[1].

Des personnes étrangères à la Bretagne pourront croire que la plupart des noms des signataires sont des noms d'emprunt, des noms de théâtre, comme ceux que nous avons cités plus haut de Pitel de Longchamps, Pitel de Beauval, Mignon de Mondorge, Élisabeth de Bussy, du Bourg de Jolimont, Coirat de Belle-Roche. Pour les détromper, il suffira de dire ici que les Robien, les Derval, les Trofagan, les Le

---

1. Archives municipales de Rennes. Registre des baptêmes de la paroisse Saint-Étienne.

Prestre, les Champion étaient des premières familles, et à juste titre des plus considérées de la province.

Quant aux autres signatures apposées au pied de l'acte de baptême d'Adélaïde Hus, ce sont évidemment celles de quelques comédiens de la troupe, parents ou camarades des père et mère de l'enfant. On y trouve d'abord celle du père, François Hus, que l'acte de baptême qualifie « noble homme »; de son frère, Hus Desforges, dont le fils a laissé un nom comme violoncelliste et compositeur; de Marianne Desforges, probablement la femme du précédent, et comédienne comme lui; de Fourteuille enfin, sur lequel nous n'avons trouvé aucun renseignement, mais qui appartenait peut-être aussi à la troupe dans laquelle il devait tenir quelque emploi secondaire, si l'on en juge par la modestie avec laquelle il s'efface derrière la noble assistance, en signant le dernier au pied de l'acte de baptême.

Pendant l'hiver de 1739, la famille Hus revint avec une troupe donner des représentations à Rennes, et il y eut au « théâtre de la Comédie » un bal travesti au cours duquel « un masque déguisé en amour » fit une abondante distribution de compliments en vers et de madrigaux. Notre poëte n'oublia pas même la jeune Adélaïde Hus, qui n'avait pas encore cinq ans, ou mieux, on le devine, ce fut plutôt à l'adresse des sœurs aînées de l'enfant qu'il composa ce galant quatrain :

Croissez, aimable Adélaïde,
Suivez les traces de vos sœurs,
L'Amour vous servira de guide
Pour obtenir l'empire sur les cœurs[1].

Que devint plus tard l'enfant dont nous venons de faire connaître l'illustre parrainage ? Adélaïde Hus débuta à dix-sept ans à la Comédie-Française, le 26 juillet 1751, dans *Zaïre*. Elle joua ensuite dans *Gustave* de Piron et dans *Iphigénie*, et ne fut pas reçue. Dix-huit mois plus tard, le 22 janvier 1753, elle fit un second début dans le rôle d'*Andromaque* et se fit remarquer comme danseuse dans une comédie-ballet, *les Hommes*, dont l'auteur était son compatriote, le rennais Poullain de Saint-Foix. Elle joua successivement les rôle de Chimène du *Cid*, d'Agnès de *l'École des Femmes*, d'Agathe des *Folies Amoureuses*, et fut reçue sociétaire.

Dans la suite, elle créa avec talent un certain nombre de rôles. Nous n'avons point à raconter ici sa vie, qui fut orageuse et tourmentée. Nous dirons seulement qu'elle se trouva un jour à la tête d'une

1. Le *Mercure de France* a publié ce madrigal avec dix autres adressés à des jeunes filles et à des dames, à des comtesses et à des marquises, pendant le bal de la Comédie (*Mercure de France*, Janvier 1739, pp. 74 à 77).

brillante fortune, dont elle fit, dans un moment de repentir, un noble usage en la distribuant presque tout entière aux pauvres. Elle mourut à Paris en 1805, à l'âge de soixante-onze ans, dans un état voisin de la misère.

CHAPITRE IV

L'Association des Étudiants en droit. — Leurs privilèges au théâtre. — Les treize entrées gratuites et la visite au prévot. — Contestation entre les Étudiants et' le Collège des Jésuites. — Démêlés et brouille avec le Parlement. — Un réquisitoire du procureur général. — Réconciliation. — La fin des privilèges.

N ne peut guère parler du théâtre à Rennes au xviiie siècle sans évoquer le souvenir de l'Association des étudiants en Droit[1] et des privilèges dont ils jouissaient au spectacle.

La Faculté de Droit de l'Université de Nantes avait été transférée à Rennes en 1735, et le 11 janvier 1736

---

1. Voir dans les *Mélanges historiques, littéraires et bibliographiques* publiés par la Société des Bibliophiles bretons, t. II, pp. 9 et suiv., le travail de M. Léon DE LA SICOTIÈRE, intitulé *l'Association des Étudiants en Droit de Rennes avant 1790*.

s'ouvrirent dans cette dernière ville les cours auxquels se pressèrent dès le premier jour de nombreux élèves venus de tous les points de la province.

Il paraît que, de tout temps, les étudiants bretons avaient joui de la liberté d'entrer gratuitement, au nombre de treize, à tous les spectacles. Cette faveur leur fut-elle contestée ? Nous ne savons. Toujours est-il qu'en 1756, ils crurent devoir former une Association ayant pour but de resserrer les liens qui les unissaient entre eux, et surtout de défendre ce privilège, auquel ils tenaient fort.

Ils élirent un prévôt et un greffier choisis de préférence parmi les bacheliers en Droit, ouvrirent un registre pour y consigner leurs délibérations, et prirent, entre autres résolutions, les suivantes :

Ils continueraient de jouir de leur entrée gratuite au spectacle, au nombre de treize, douze au parterre et un sur le théâtre. Quand le prix des premières places serait inférieur à 20 sols, ils auraient droit à treize de ces premières places. Ils s'engageraient à ne pas céder leur billets gratuits à d'autres qu'à leurs camarades de l'École de Droit. Toute actrice débutante devrait, avant de jouer, faire aux étudiants une visite de cérémonie que leur prévôt recevrait dans la salle de l'École, entouré de ses camarades. Ils jouiraient de leurs treize entrées gratuites non seulement « à la Comédie », mais encore à tous les spectacles forains

ou autres, quels qu'ils soient, tels que concerts, curiosités, joueurs de gobelets, montreurs de marionnettes,
combats d'animaux, et cela à toutes les représentations
ou séances, quel qu'en soit le nombre chaque jour.

Les étudiants prétendirent même user de ce droit
aux représentations qui avaient lieu chaque année au
Collège des Jésuites à l'occasion de la distribution des
prix. Nous trouvons à ce sujet de curieux détails dans
une plaquette que l'Association des Étudiants en Droit
fit imprimer en 1756 et qu'on ne lira pas sans intérêt :

DÉLIBÉRATION ET PROCURATION
DE MM. LES ETUDIANS.

Du dix-sept août mil sept cent cinquante-six.

Nous, Etudians des Facultés des Droits de la Ville de Rennes,
sur ce que nous avons appris que par Notre ordre et à Notre
prière le sieur GUILLARD, Notre Prévôt, se transporta hier,
seize de ce mois, au Collège des Jésuites de cette Ville, accompagné de deux de ses Confrères, pour demander auxdits PP.
Jésuites treize Billets de Comédie, suivant le droit que Nous en
avons ; et qu'ayant parlé au Préfet dudit Collège, et lui ayant
demandé en Notre nom l'exécution du Privilège dont jouit
l'Université pour tous les Spectacles autorisés, ledit Préfet
répondit qu'il falloit justifier par écrit le droit que nous récla-

mions. Que ce refus étant contraire à l'usage et à la possession constante où Nous sommes d'entrer, au nombre de treize, sans payer, à tous les Spectacles, et que depuis quelques années le Spectacle que donnent les PP. Jésuites est du nombre de ceux où l'on entre en payant ; Nous, par l'avis et conseil de MM. Nos Professeurs et Aggrégés desdites Facultés, donnons pouvoir et procuration au sieur Guillard, Prévôt, aux sieurs Riallen, Doyen, Haugoumar et Pouhaer, Commissaires nommés à cet effet, de pour Nous et en Notre nom présenter Requête à Monsieur le Juge Conservateur de Nos privilèges, pour faire condamner le Préfet ou Recteur des Jésuites à nous délivrer par provision les treize Billets qui Nous sont dûs ; leur donnons en outre pouvoir d'appeler, signifier et généralement de faire en cette occasion tout ce qu'ils jugeront nécessaire ; promettant les avouer sans réservation.

Fait ès Écoles des Droits, le dix-sept Août mil sept cent cinquante-six.

Signé : *Guillard*, Prévôt ; *Haugoumar*, Commissaire ; *Pouhaer*, Commissaire ; *Georgelin, Morel de la Motte, Harembert de la Bazinière, Lobier, de Saxe, Brobel, Chevy, Solier, Moñazan, le Masson, le Guc de Lansalut, Ancelin, de Launay, de la Coursonnays, Bevic, Pichot, Guerin, Anneix, Forot, Bonamy.*

En l'endroit le Sieur Riallen, notre Doyen, s'est déporté, ayant été nommé Commissaire, et n'a voulu signer.

Signé : *Guillard*, Prévôt.

Et en marge est écrit :

Contrôlé à Rennes, le dix-sept août mil sept cent cinquante-six. Reçu douze sols.

Signé : BRUTÉ, et autre nom illisible.

REQUÊTE

DE MESSIEURS LES ÉTUDIANS

A MONSIEUR LE SÉNÉCHAL DE RENNES, ou dans son absence à Monsieur l'Alloué ou à Monsieur le Lieutenant civil et criminel du Siège Présidial de Rennes, Jugé conservateur des privilèges de la Faculté des Droits de Rennes, ou autre Juge magistrat en absence.

SUPPLIENT humblement les étudians desd. Facultés des Droits, suite et diligence des Prévôt et Commissaires soussignés, en conséquence de la Délibération et Pouvoir de ce jour dûement contrôlés.

DISANT, que par un Droit immémorial et un privilège incontestable, le Prévôt et 12 Étudians sont fondés à entrer gratuitement dans tous les endroits où l'on donne des spectacles autorisés.

Il est donc certain que les Supplians ont droit d'entrer au Spectacle que les Régens et les Écoliers de la Compagnie de Jésus à Rennes donnent tous les ans. C'est un spectacle public autorisé. Il est de la nature de ceux qui sont permis ou tolérés

3

par l'art. 24 de l'Ordonnance d'Orléans et par l'art. 80 de l'Édit de Blois touchant les Universités. Ce sont des écoliers qui donnent ce spectacle; leur Collège se prétend affilié à quelques Universités du Royaume; c'est en vertu de cette affiliation prétendue qu'ils jouissent des privilèges des Universités; et puisqu'ils partagent les privilèges des Supplians, ils doivent reconnoître celui que les Supplians réclament.

Une raison bien sensible pour que les Supplians conservent leur droit, c'est que les Régens et Supérieurs du Collège ont depuis peu de temps établi un tribut pour l'entrée de leur Spectacle, et le tribut augmente presque chaque année.

Quand les Facultés de Droits ont été transférées à Rennes, et même longtemps après, le Spectacle a été gratuit. Les Supplians y entroient comme tout le monde; les frais ne regardoient que les familles des Acteurs.

La dépense d'une assez belle décoration peinte par Lhermitais de Vannes a servi de prétexte pour mettre un nouvel impôt sur la curiosité du public : mais cet impôt a été présenté avec ménagement et par degrés. D'abord le prix étoit modique. Tous les Écoliers avoient gratuitement des places. Enfin, ce qui étoit un simple amusement, un exercice propre à former la Jeunesse à la déclamation, est devenu une affaire d'intérêt et d'un très grand rapport.

Aujourd'hui les premières places sont à vingt-quatre sols et celles du parterre à douze sols; l'affluence de spectateurs de tous les états est remarquable à cette fête qui ne se donne qu'une fois l'an, qui dure tout un jour, et où les plaisirs de la bonne chère se joignent aux plaisirs variés de la Danse, de la Comédie, de la Tragédie, de la Musique, des Instrumens, etc. Ainsi le produit est considérable en ne comptant pas même les contributions que paient les Acteurs. Pour la décoration, les frais en sont rentrés depuis bien des années, quand même cette toile eût coûté trente mille francs.

Après ces remarques essentielles, les Supplians ont lieu de s'étonner que le Préfet ait feint d'ignorer leur droit, et de ce qu'il veuille étendre l'Impôt jusque sur les treize privilégiés.

Hier, 16 août 1756, les Supplians députèrent leur Prévôt pour prévenir ce Préfet et lui demander les treize Billets qui leur sont dûs. La demande fut faite avec toute l'honnêteté et les égards possibles. Le Préfet répondit au Prévôt « qu'il devoit justifier « par écrit le droit des Supplians, et rapporter les Arrêts du Con- « seil et Lettres-Patentes confirmatives de leurs privilèges. »

Le Prévôt répliqua modestement que ces Privilèges étoient au dos des Arrêts et Lettres-Patentes qui permettoient au Collège de Rennes de donner un spectacle public, et d'exiger un tribut des Spectateurs. Peut-on exiger que les Supplians rapportent un titre écrit, tandis qu'on n'en a pas soi-même ? Le Porte-feuille des Supplians est leur titre.

Il suffit qu'ils soient fondés dans l'usage d'entrer gratuitement à tous les Spectacles. C'est un des privilèges de Scholarité. Les Supplians sont appuyés sur la possession; elle est notoire, et ils sont dispensés d'en informer : en effet, ils ont l'honneur d'avoir pour témoins de leur droit tous les membres des Tribunaux de la Province, puisqu'eux-mêmes, avant que d'être magistrats, ont été Étudians, et ont joui du droit dont on veut aujourd'hui priver leurs fils et leurs neveux.

Les Supplians requièrent, ce considéré,

Qu'il Vous plaise, MONSIEUR, voir ci-attachés la Délibération et Pouvoir de ce jour dûement contrôlés, autoriser les Supplians, en tant que besoin, à l'effet de la présente, et ayant égard au

droit et à la possession où sont les Supplians d'entrer à tous les
Spectacles publics et autorisés au nombre de treize, y compris
leur Prévôt; ordonner en conséquence *et par provision*, attendu
la célérité du fait, que le Recteur ou Préfet de la Compagnie de
Jésus délivrera ou fera délivrer treize billets aux Supplians, pour
entrer et assister gratuitement au Spectacle qui se donnera demain
dix-huit de ce mois au Théâtre de ladite Compagnie, offrant les
Supplians de consigner le prix des Billets, sauf répétition en définitive; et ferez justice.

   Signé: Guillard, Prévôt; *Poulain*, Commissaire; *Haugoumar*,
Commissaire, et *Le Masson*, Procureur.

          Au dessous est écrit :

Nous déclarons nous déporter de la connoissance de la présente. A Rennes, ce 17 août 1756.

   Signé : N. J. Harembert, Monsieur le Doyen du Présidial.

          Et au-dessous est écrit :

Soit la Présente communiquée aux Gens du Roi, pour sur
leurs Conclusions être ordonné ce qui sera vu appartenir. Arrêté
ce 17 août 1756.

   Signé : Hevin, Monsieur le Juge Conservateur.

          Ensuite est écrit :

Vu la présente requête,
Nous requérons pour le Roi qu'il soit permis aux Supplians

d'appeller à terme compétent les Pères Jésuites, pour sur ladite requête être statué ce qu'il sera vu de justice appartenir.

Fait à Rennes, ce 17 août 1756.

Signé : *Bidard*, Monsieur l'Avocat du Roi.

Et pour expédition :

Vu la présente Requête, la Pièce y jointe, le déport du Juge plus ancien, ensemble les Conclusions des Gens du Roi.

Ordonnons, sans préjudicier aux droits des Parties, que le Distributeur des Billets en question délivrera par provision, attendu la célérité du fait, les treize billets en question, les Supplians consignant préalablement le prix, suivant leurs offres, sauf la répétition en définitive, s'il est vu appartenir ; à l'effet de quoi permis d'appeller et signifier la présente.

Fait à Rennes, ce 17 août 1756.

Signé : *Hevin*, Monsieur le Juge Conservateur.

Nous ne savons qui eut définitivement gain de cause dans ce conflit. Toujours est-il que si les étudiants eurent, dans ce cas spécial, des difficultés avec le Collége, il n'en fut pas de même avec les directeurs de spectacles. Tout marcha bien pendant plusieurs années, et ces directeurs comprenant qu'ils avaient tout intérêt à ménager la jeunesse turbulente des écoles, de qui dépendait en partie le succès ou la chute des acteurs, les directeurs, disons-nous, s'exécutèrent de bonne grâce tant que les étudiants purent jouir raisonnablement de leur privilège. Mais il arriva ce que l'on devait nécessairement prévoir : il se produisit des abus. Des billets gratuits furent mis en circulation en plus grand nombre que la règle ne permettait de le faire. Des querelles survinrent. On tira quelquefois l'épée, et les délibérations de l'Association des Étudiants furent souvent tumultueuses. Naturellement les études s'en ressentirent. Les professeurs de l'École et les familles elles-mêmes présentèrent leurs doléances au Parlement, et celui-ci s'en émut, car à plusieurs reprises, notamment en 1767 et en 1772, il rendit des arrêts pour défendre aux étudiants de porter l'épée et de s'assembler pour délibérer sur d'autres objets que ceux qui intéressaient leurs études.

Les étudiants n'ayant tenu aucun compte de ces défenses, le Parlement se fâcha et frappa un grand coup. Le 30 avril 1773, il rendit un arrêt qui se trouve tout au long dans ses *Registres secrets*, et d'où nous extrayons le passage suivant :

Le procureur-général du Roi,, entré en la Cour, a dit : Messieurs, par vos arrêtés des 31 janvier 1767 et 22 août 1772, vous avez supprimé l'abus qui s'était introduit parmi les étu-diants en droit de se former un Regi·re pour inscrire les déli-bérations prises à la pluralité des voix dans des assemblées particulières, hors la présence des professeurs, et vous avez défendu aux dits étudiants de faire des délibérations, de tenir un Registre et de s'assembler pour autres objets que ce qui intéresse leurs études; mais l'exécution de votre Arrêt se trouve éludée sous le prétexte de certains privilèges que nous avons reconnu n'être fondés sur aucun titre, sur aucune loi. En effet, les étudiants, lorsqu'il est donné des représentations de spectacles dans cette ville, avec permission des magistrats, réclament l'entrée gratuite de treize d'entre eux sur des billets qu'ils se distribuent eux-mêmes; pour cette distribution, ils élisent un Prévôt; cette élection est souvent la cause de brigues et de querelles. La distribution des billets en fait naître également, et quelquefois dans les spectacles même; cette tolérance a dégénéré en abus; il nous a été rendu compte que les billets ont été multipliés; en sorte que des jeunes gens en ont représenté pour s'introduire dans les spectacles au-delà du nombre qui avait été jusque-là permis, ce qui a donné lieu à des querelles indécentes entre eux et les donneurs de spectacles. Ce droit prétendu n'étant fixé par aucune règle, les étudiants ont cru pouvoir l'étendre à leur volonté et s'attribuer le droit d'entrer, au nombre de treize, à tous les petits spectacles publics donnés par les joueurs de gobelets, joueurs de marionnettes, et cela à autant de représentations qu'ils pourroient en répéter chaque jour .... Vous savez, messieurs, que les spectacles ne sont tolérés que comme un délassement, mais qu'il est dangereux d'en inspirer le goût aux jeunes gens au commencement de leur carrière.

Nous ne vous laisserons pas ignorer, Messieurs, que le Roi a pris connaissance, dans son Conseil, de tous ces abus, et qu'il se repose sur votre prudence du soin de restreindre tous les privilèges des Étudiants en droit dans l'ordre et dans la règle des lois.

A ces causes. .....et sur ce délibéré :

La Cour, faisant droit sur les remontrances et conclusions du procureur général, fait défense aux étudiants en droit .....de distribuer entre eux aucuns billets pour être présentés aux spectacles qui seront donnés dans cette ville, et s'en procurer l'entrée gratuite....»

Cette fois, force fut aux étudiants d'obéir, mais, comme on le pense bien, ce ne fut pas sans murmurer. Ce qui leur fut le plus sensible, paraît-il, fut de voir le Sénéchal de Rennes, M. de Coniac, qu'ils avaient élu juge conservateur de leurs priviléges, se charger lui-même d'exécuter l'arrêt du Parlement, et venir leur retirer leur registre des délibérations « pour la chiffrature duquel il n'avoit pas dédaigné d'exiger 3 livres. »

Près de deux années s'écoulèrent sans incident nouveau ; mais nos étudiants ne pouvaient se consoler de la suppression de leurs entrées gratuites au spectacle. Aussi, le 25 janvier 1775, présentèrent-ils au Parlement une humble et suppliante requête tendant à être remis en possession de leur registre des délibérations et de leurs treize entrées à tous les spectacles, « ce dernier privilége, disaient-ils, étant aussi ancien que l'établissement même des Universités. »

Cette fois le Parlement vint à composition et, par un arrêt du 10 mai 1775, il leur restitua et leur registre et leur privilège, dont ils jouirent désormais sans encombre. A partir de ce jour, la paix fut faite entre le Parlement et les étudiants, et ceux-ci, ainsi qu'on va le voir, prouvèrent un jour aux magistrats leur estime et leur reconnaissance en renonçant d'eux-mêmes à leurs entrées au spectacle. Voici dans quelles circonstances :

En 1788, Rennes était en proie à la plus vive émotion. On était, en effet, au lendemain du jour où le roi avait violemment *supprimé* les protestations du Parlement contre les édits que les magistrats bretons considéraient comme attentatoires aux anciennes franchises et libertés de la province, garanties par le pacte d'union de la Bretagne à la Couronne de France.

Le roi avait refusé de recevoir une députation du Parlement de Rennes qui était en route pour Paris et lui avait assez durement fait donner l'ordre de rebrousser chemin. Un certain nombre de magistrats avaient même été expulsés brutalement de la ville en vertu de lettres de cachet. Presque chaque jour l'émeute grondait dans la rue et les étudiants rennais n'avaient pas été les derniers à acclamer les magistrats et à les encourager dans leur lutte contre le pouvoir.

C'est alors qu'une troupe de comédiens dirigée par un sieur Fierville vint à Rennes pour y donner des représentations. Le moment, il faut en convenir, était assez mal choisi.

Les étudiants saisirent cette circonstance pour faire
une manifestation en faveur du Parlement: ils refu-
sèrent les treize billets d'entrée que Fierville mit à
leur disposition et s'abstinrent de paraître au spectacle.

Ce fait nous est rapporté par le seul journal qui se
publiât alors dans notre ville, les *Affiches de Rennes*.
Nous copions textuellement:

Action infiniment anoblie et agrandie par son principe. —
MM. les Etudiants en Droit jouissent du privilège de l'entrée
gratuite au Spectacle. Ils en sont très jaloux et n'ont jamais
souffert qu'on y portât la moindre atteinte. Un refus, un léger
obstacle même de la part des Directeurs des Spectacles, a toujours été reçu avec un vif témoignage de mécontentement. Il
est bien naturel, en effet, que des jeunes gens qui aiment le
spectacle comme un plaisir, et peuvent le rechercher comme
une instruction, soient très-attachés à ce privilège. On ne s'at-
tendait donc pas à les y voir renoncer lorsque la troupe du
sieur Fierville est arrivée ici ; c'est cependant ce qui est arrivé.
Pénétrés de la triste situation de la Magistrature et de cette province, ils ont refusé les treize billets qui leur sont dus par
chaque représentation. Un pareil trait, qui dépose avec éclat en
faveur de leur vertueux patriotisme, trouvera partout des éloges ;
et dans quelque façon de penser que ce soit, on ne pourra
refuser ses applaudissements au principe de cette action. C'est
dans cette intime persuasion que le Rédacteur de cette feuille
a cru devoir leur rendre cet hommage public [1].

[1]. *Affiches de Rennes* du mercredi 20 août 1788; 5e année, n° 5, p. 17.

Quelques mois plus tard, la Révolution abolissait tous les priviléges, même celui des étudiants de Rennes, malgré « l'action, infiniment anoblie et agrandie par son principe » que leur avait dictée « leur vertueux patriotisme ».

CHAPITRE V

La ville de Rennes ne possède une salle de spectacle à elle que depuis une époque relativement récente. Ce n'est qu'après 1830 que l'Administration, saisie de la question par le Conseil municipal, fit étudier le projet de construction d'un théâtre sur la Place-aux-Arbres, vis-à-vis de l'Hôtel de Ville, et c'est seulement six ans plus tard que cette salle fut inaugurée.

Avant cette époque, les troupes jouaient dans un local privé, rue de la Poulaillerie. J'en parlerai tout à l'heure; mais auparavant, remontons à la fin du xviiᵉ siècle, au moment où nous avons vu les troupes de campagne avec Pitel de Longchamps, Michel Durieux, Desmares de Champmeslé et autres.

Le jeu de la paume était alors fort en vogue, et dans toutes les villes existaient de vastes locaux où la jeunesse dorée de l'époque venait lancer la balle et risquer ses écus. Ces salles, construites en vue de cette destination spéciale, s'appelaient Jeux de Paume. Leur installation était des plus simples : c'était un vaste rectangle entouré de quatre murs, couvert d'un toit en ardoises, sans plafond, et dallé d'un carrelage bien uni. Sur les quatre faces du rectangle, et à environ douze ou quinze pieds au-dessus du sol, régnait quelquefois une sorte de tribune ou de galerie.

On comprend qu'à défaut de salle de spectacle spéciale, un jeu de paume convenait parfaitement pour donner des représentations théâtrales. On dressait à une extrémité de la salle un plancher posé sur des tréteaux : c'était la scène. On alignait au-devant des banquettes ou des rangs de chaises; sur les côtés s'élevaient, le long des murs, des bancs disposés en gradins : c'étaient les diverses catégories de places, plus ou moins recherchées selon leur rapprochement ou leur éloignement de la scène. La tribune dont nous avons parlé recevait un ou deux rangs de fauteuils; là étaient les places privilégiées. Au milieu, un grand espace restait vide : c'était le parterre, où

les spectateurs se tenaient debout et pouvaient librement circuler.

Rennes possédait au xviie siècle trois établissements
de ce genre. L'un était situé dans la rue de la Poulaillerie et appartenait en 1672 à un sieur Nicolas de
Boutincourt; on l'appelait le « Jeu de Paume de la
Poulaillerie ». L'autre, que l'on désignait sous le nom
de « Jeu de Paume du Pigeon », se trouvait dans la
rue de la Basse-Baudrairie et appartenait en 1646 à un
sieur de Brécé de la Chotardaye. Il mesurait environ
40 pieds et demi de façade sur la Baudrairie et
102 pieds de long. Le troisième, qu'on appelait « Jeu
de Paume du Pélican », était situé dans la rue Saint-
Louis, à l'endroit où se trouvent aujourd'hui la
conciergerie et les logements des religieuses qui
desservent l'Hôpital militaire. Lorsqu'il fut démoli en
1687, il appartenait à un conseiller au Parlement,
M. Charles Ferret.

Nous n'avons trouvé nulle part mention qu'on
ait joué la comédie au Jeu de Paume du Pélican,
probablement parce qu'il se trouvait un peu éloigné
du centre de la ville. Quant aux deux autres, ils ser-
virent tour à tour de salle de spectacle.

En 1663, 1667, 1685, on jouait la comédie à la
Poulaillerie. Plus tard, ce fut à la Basse-Baudrairie;
mais lorsque les halles eurent été détruites par l'in-
cendie de 1720, les juges de police firent établir des

halles provisoires dans le Jeu de Paume du Pigeon, et un arrêt du Parlement du 5 avril 1721 enjoignit aux bouchers d'y vendre leurs viandes et leur fit défense expresse d'en débiter ailleurs. Les spectacles durent alors émigrer et retournèrent à la Poulaillerie.

La Ville ayant acheté un terrain pour y établir des halles définitives, on installa celles-ci en 1733 entre la rue de Rohan et la rue d'Orléans, et l'ancien Jeu de Paume de la Baudrairie, rendu à sa destination primitive, partagea avec celui de la Poulaillerie l'honneur et le profit de donner asile aux troupes de théâtre.

Nous devons mentionner ici une ordonnance de police rendue le 30 octobre 1784, par les « Juges royaux de police » de Rennes[1]. On y verra qu'en ce temps on distribuait avec largesse les peines de prison pour les plus petites contraventions relevées contre le directeur de la troupe, ses acteurs, ses musiciens, ses employés. Voici les principaux passages de cette ordonnance, rendue sur les conclusions du procureur du roi :

1. Le Siège royal de Police de Rennes était à ce moment ainsi composé : MM. de la Motte-Fablet, maire et lieutenant-général de police, président ; Estancelin de Tourent, Le Minihy, Le Boucher, Solier de la Touche, juges ; Phelippes de Tronjolly, procureur du roi ; Levesque, greffier.

EXTRAIT

DES REGISTRES D'AUDIENCE DU SIÈGE ROYAL DE LA POLICE A RENNES.

LE SIÈGE, faisant droit sur les Remontrances et Conclusions du Procureur du Roi.....

Fait défense à toutes personnes, de quelques qualités et conditions qu'elles soient, d'entrer aux répétitions, à peine d'amende *et de prison, même de plus grande peine s'il y a lieu*; ordonne aux Acteurs, Actrices et Musiciens de la Troupe d'être en état de jouer à 5 heures 1/2 du soir; de se trouver aux répétitions et aux répertoires aux jours et heures indiqués par le Directeur, *sous les peines ci-dessus*. Enjoint à ce dernier de tenir la Salle propre, de la bien éclairer, ainsi que les Corridors; d'avoir de bons Acteurs, Actrices et Musiciens; fait défense de jouer, sans permission, des pièces nouvelles et non approuvées; de jouer les jours de la Semaine sainte et des quatre grandes Fêtes de l'année.

Ordonne, *sous les mêmes peines*, auxdits Musiciens de commencer à 5 heures 1/2, de jouer dans les entr'actes et entre les pièces.

Défend de suspendre les abonnements sans permission du Lieutenant-Général ou du Procureur du Roi.

Fait défense aux Acteurs et Actrices d'aller ailleurs que dans les secondes Loges qui leur seront indiquées, avec défense d'aller aux premières Loges, Orchestre, Gradins, Amphithéâtre et Parterre, *sous peine de prison*.

. Fait défense aux Gens de livrée d'aller ailleurs qu'au lieu nommé Parvis ou Paradis, *sous les mêmes peines de prison*[1].....

Le Parlement, sur les conclusions de son procureur général de Caradeuc de La Chalotais, homologua cette ordonnance de police le 9 décembre 1784, et ordonna qu'elle serait, « en même temps que l'arrêt de la Cour, imprimée, lue, publiée et affichée aux lieux accoutumés. »

D'après le plan de reconstruction de la ville, la rue Coëtquen devait être prolongée en ligne droite, depuis la place Neuve (aujourd'hui place de la Mairie) jusqu'au Vau Saint-Germain. Ce tracé nécessitait la démolition du Jeu de Paume dont l'entrée se trouvait sur le côté septentrional de la rue Baudrairie, qui se prolongeait en profondeur à travers la rue Coëtquen, et s'engageait même assez avant dans l'emplacement actuellement occupé par la maison n° 5 de cette rue et l'angle sud-est des Galeries du Théâtre, dites Galeries Méret.

r. Les « gens de livrée » pouvaient donc assister au spectacle à la seule condition de ne se placer qu'au « paradis ». Les juges de police se montraient moins sévères à leur égard que certain directeur d'une troupe acrobatique donnant des représentations au Jeu de Paume de la Baudrairie, et qui faisait imprimer au bas de ses affiches et de ses prospectus : « *Défenses sont faites aux gens de livrée d'y entrer*, MÊME EN PAYANT. » (Voyez cette annonce dans les *Mémoires de la Société archéologique d'Ille-et-Vilaine*, t. XXVII, séance du 9 février 1897, p. XIII.)

Ce ne fut qu'en 1785 que la Municipalité se résolut à ouvrir définitivement la rue Coëtquen dans toute sa longueur. Pour cela il fallait de toute nécessité acheter et démolir l'ancien jeu de paume du Pigeon, qui n'était plus guère désigné alors que sous le nom de « salle de spectacle ». On traita avec la propriétaire, mademoiselle Gardin, qui accepta l'indemnité de 8000 livres qui lui était offerte par la Ville « en considération, dit le registre des délibérations de l'Assemblée municipale, tant dudit emplacement que des édifices relativement à leur état et à leur produit, soit par rapport à la salle de spectacle, soit par rapport aux parties qui sont affermées à différents paticuliers..... N'entendant comprendre dans ladite somme de 8000 livres les matériaux qui forment le dedans de la salle de spectacle. » Peu après, la Ville, « convaincue plus que jamais de la nécessité de détruire la salle de spectacle, dont la plus grande partie encombre la rue de Coëtquen et force les conducteurs de chaises ou voitures de prendre un détour considérable pour se rendre de la place du Calvaire dans le Vault Saint-Germain, » ordonna la démolition de cette salle[1].

Le jeu de paume de la Baudrairie avait vécu et celui de la Poulaillerie devait désormais, seul et sans partage, donner asile à la « Comédie ».

1. Archives municipales de Rennes. Registres des Délibérations.

Mais le goût du spectacle se propageait rapidement. Chaque jour voyait paraître une pièce nouvelle, et la province était pressée d'applaudir à son tour les œuvres dramatiques qui faisaient les délices des Parisiens. Les troupes d'acteurs se succédaient sans relâche avec des répertoires variés de comédies, d'opéras et de ballets, et le vieux jeu de Paume de la Poulaillerie ne semblait plus suffire aux exigences.

C'est alors que la ville songea pour la première fois à faire construire une salle qui serait exclusivement affectée aux représentations dramatiques et lyriques.

CHAPITRE VI

En 1785, la Municipalité décida que l'on cons-
truirait une salle de spectacle dans un terrain
dépendant des anciens fossés de la Ville, au
nord de l'ancienne Porte-aux-Foulons. Peu de temps
après, ce projet était abandonné, et on arrêtait que la
salle de spectacle serait édifiée sur la Place-Neuve, vis-
à-vis l'Hôtel de Ville, là précisément où devait
s'élever un demi-siècle plus tard notre Théâtre actuel.
La Ville fut même autorisée à contracter pour cet
objet un emprunt de 200 000 livres; mais les prêteurs

ne répondirent pas à son appel et le projet n'eut pas
de suite. Force fut donc de revenir à l'ancien local
de la Poulaillerie.

Ici les renseignements nous manquent, et nous
ignorons tout sur le théâtre à Rennes pendant la
période révolutionnaire. Nous savons seulement que
les représentations de *pièces de circonstance* ne man-
quèrent pas, et que, même au plus fort de la Terreur,
les échos des chants et des tirades patriotiques firent
continuellement trembler les lambris vermoulus du
vieux Jeu de Paume, qui menaçaient, à chaque représentation, d'écraser par leur chute les spectateurs
entassés dans la salle enfumée.

La rue de la Poulaillerie était très étroite, comme
elle est encore aujourd'hui, d'ailleurs, car elle ne s'est
guère modifiée depuis deux siècles. Les accidents y
étaient fréquents, et plus d'un citoyen fut, à la sortie
du spectacle, écrasé par les carrosses, ou tout au moins
renversé et piétiné par les porteurs de chaises. On
entreprit dès lors les réparations les plus urgentes
qu'exigeait l'état de délabrement de la salle de spectacle.
Le bâtiment fut consolidé et l'intérieur fut entièrement
refait. Des dégagements furent ménagés de plusieurs
côtés ; la porte donnant sur la rue la Poulaillerie fut
exclusivement réservée aux artistes et au personnel du
théâtre, et l'on ouvrit, pour le public, un large passage sur la rue du Champ-Jacquet.

Les réparations durèrent pendant la plus grande
partie de 1797, et ce ne fut que le 9 décembre de cette
même année qu'eut lieu la réouverture de la salle res-
taurée. Quelques jours auparavant, la Municipalité
avait fait placarder l'arrêté suivant, que nous repro-
duisons *in extenso*. Il serait dommage de changer un
seul mot à cet intéressant et curieux document,
imprimé « à Rennes, chez la veuve Bruté, imprimeur
de la Municipalité, VIe année républicaine, Au Temple
de la Loi. »

« *Extrait des Registres des délibérations de l'Administration municipale de Rennes.* — *Séance du 9 frimaire an VI de la République
française, où étoient présens les citoyens* PARCHEMINIER, *président ;*
DANET, BONNAL, ROUESSART, MORO, RICHELOT *jeune, et* MARTIN,
administrateurs municipaux.

Le Commissaire du Pouvoir Exécutif a dit :

Citoyens, La Salle de Spectacle de cette Commune vient
d'être reconstruite; l'entrée en a été changée; l'accès en est
devenu plus facile. Vous n'êtes pas néanmoins dispensés de
veiller à ce qu'aucun accident n'arrive.

L'ouverture de cette salle est fixée au 19 frimaire[1] présent
mois. Vous n'accorderez pas sans doute une aveugle confiance
aux talens des Entrepreneurs, et vous ferez examiner, aux frais
des Propriétaires ou Entrepreneurs du Spectacle, si la construction en est solide, et si on a, conformément aux règles de l'Art,
prévu les accidents qui peuvent arriver d'un vice de construction

1. 9 décembre 1797.

dans ces sortes d'établissements. Vous prescrirez, d'après l'avis des hommes de l'Art que vous aurez chargés de cette vérification, les précautions qu'il seroit indispensable de prendre.

Les Règlements sur la Police des Spectacles sont presque tombés en désuétude; il est nécessaire de les rappeler : vous ménagerez à vos concitoyens des plaisirs sans troubles, et vous empêcherez que la cabale ou la jalousie ne nuisent aux succès des Artistes.

La place que vous devez occuper contribue beaucoup au maintien du bon ordre; le caractère dont vous êtes revêtus vous fait un devoir d'occuper la Première Loge à droite, et la plus voisine de la Scène, d'où vous pourrez veiller à l'ordre qui doit être observé au Spectacle. On n'entendra plus sur les Théâtres de la République le chant homicide du Réveil du Peuple; il sera remplacé par les Airs chéris de la Liberté et de la Victoire.

Votre tâche ne seroit pas encore remplie si vous n'étendiez pas votre sollicitude sur les Pièces de Théâtre qui seront représentées; les Artistes Lyriques et Dramatiques qui concourront ensemble, sous votre surveillance, à relever l'esprit Républicain, ne reproduiront plus ces Pièces de Parti qui, loin de consolider la Paix intérieure, appelloient la discorde.

Je vous requiers donc de rappeler les Lois et Règlements de Police sur les Spectacles, et de faire vérifier s'il y a solidité et sureté dans la nouvelle Salle établie.

L'Administration, le Commissaire du Pouvoir Exécutif entendu;

Considérant que tout ce qui tient à la sureté de ses Concitoyens doit être l'objet de sa sollicitude, exciter toute l'activité de sa surveillance; qu'il est de son devoir de leur assurer la jouissance de plaisirs sans risques et sans troubles, et de leur épargner toute inquiétude sur la solidité de la nouvelle Salle;

Considérant que rien n'est plus propre à attacher les hommes au Gouvernement Républicain et à régénérer les mœurs qu'un Spectacle composé de pièces bien choisies, qui offrent un aliment pur au cœur et à l'esprit de la Jeunesse, par une morale saine, des instructions sages et l'exemple des vertus qui agit si puissamment sur des âmes que la corruption n'a point encore atteinte;

Vu les Loix des 9 Juin et 11 Avril 1790, 19 Janvier 1791, 14 Août et 1er Juillet 1793.

ARRÊTE :

ARTICLE Ier. — La nouvelle Salle de Spectacle sera vérifiée et examinée dans toutes ses parties par deux Ingénieurs ou Architectes nommés à cet effet; et d'après le procès-verbal de cette vérification, il sera, par l'Administration Municipale, donné des ordres pour qu'il soit pourvu aux nouveaux ouvrages qui pourront être jugés nécessaires à l'effet d'assurer la solidité de ladite Salle.

ART. II. — La Première Loge à droite, et près le Théâtre, ne sera point louée; elle restera à la disposition de l'Administration Municipale pour être à lieu de surveiller avec plus de facilité tous les points de la Salle (Règlement de 1784).

ART. III. — L'ouverture du Spectacle aura lieu à 4 heures précises, et la Toile sera levée à cinq heures et demie fixes (*Idem*).

ART. IV. — Il est enjoint aux Commissaires de Police de se trouver, chaque jour de Spectacle, au moins un à l'ouverture de la Salle, et de veiller avec la plus grande exactitude à ce que l'ordre et la tranquillité n'y soient pas troublés (*Idem*).

ART. V. — Le Commandant de la Place sera invité à donner l'ordre pour qu'une Garde se trouve régulièrement à la même heure à la Salle, pour occuper les Postes qui lui seront désignés.

ART. VI. — Le Public n'aura aucune communication avec le Théâtre; ceux qui, malgré cette défense, trouveroient les moyens de s'y introduire, en seront renvoyés sur le champ, et la moindre résistance de leur part sera punie.

ART. VII. — Il est expressément défendu à toutes Personnes de faire ou occasionner des huées, du tumulte, de siffler ni de troubler le Spectacle de quelque manière que ce soit (Règlement de 1784).

ART. VIII. — A chaque Spectacle, avant de lever la Toile, l'ouverture s'en fera par un des airs chéris de la Liberté ou de la Victoire (Arrêtés du Directoire Exécutif des 18 et 27 Nivôse an IV).

ART. IX. — Il ne sera chanté ni lu sur le Théâtre d'autres Airs, Chansons ou Hymnes que ceux faisant partie et qui sont contenus dans les Pièces annoncées et qui seront jouées (Arrêté du Directoire Exécutif du 25 Pluviôse an IV).

ART. X. — Les Entrepreneurs, Artistes ou Musiciens sont responsables de toute contravention de leur part au précédent article.

ART. XI. — L'Entrepreneur tiendra un Registre des Abonnés, lequel sera chiffré par le Président de l'Administration Municipale et visé tous les quinze jours par le Commissaire du Pouvoir Exécutif (Règlement de 1784).

ART. XII. — Il est pareillement défendu à toutes Personnes autres que celles attachées au Théâtre d'assister aux Répétitions ;

chaque Acteur ou Actrice s'y rendra exactement aux heures indiquées et s'y comportera avec décence.

ART. XIII. — Les Voitures ou Chaises à Porteurs se rangeront sur la Place du Champ-Jacquet et, à la fin du spectacle, elles défileront au pas, l'une après l'autre, pour recevoir les Citoyens auxquels elles appartiendront, avec défense aux Cochers, Postillons ou Porteurs de rétrograder ; ils s'en retourneront par les Rues aux Foulons, des Lillois ou Beaurepaire et les Voitures ne pourront aller qu'au pas jusqu'à ce qu'elles ne soient éloignées de l'entrée de la Salle, de manière qu'elles ne puissent causer aucun accident ni embarras.

ART. XIV. — Le Réquisitoire du Commissaire du Pouvoir Exécutif et le présent Arrêté seront imprimés et affichés partout où besoin sera, et notamment à l'intérieur et à l'extérieur de la Salle et au Chauffoir. L'Entrepreneur sera tenu de le faire réafficher toutes les fois qu'il n'y existera plus.

Le présent Arrêté sera envoyé à l'Administration Centrale du Département d'Ille-et-Vilaine pour avoir son adhésion.

Pour copie conforme,

PARCHEMINIER, *président.*

L. F. LEMARCHAND DE L'EPINAY,
Secrétaire en chef.

L'Administration Centrale du Département d'Ille-et-Vilaine, considérant que l'Arrêté ci-dessus est basé sur les Loix et Règlements relatifs à la Police des spectacles, et que les dispositions qu'il renferme sont également propres à pourvoir efficacement à la sûreté des Citoyens, et à les diriger vers le but moral qui fait l'objet d'un pareil genre d'institution,

Arrête, après avoir entendu le Commissaire du Directoire Exécutif, que l'Arrêté pris par l'Administration Municipale de Rennes le 9 de ce mois sortira son plein et entier effet.

En Département, à Rennes, le 9 Frimaire an VI de la République une et indivisible. *Signé* BAYME, président; LE GRAVEREND, Alexis LE GRAVEREND, LABBÉ le jeune, ANGER. — BEAUGEARD, Commissaire du Directoire Exécutif.

J.-M. CHESNEL,
Secrétaire général.

Les principales dispositions de ce règlement furent de nouveau publiées trois ans plus tard, le 29 frimaire an IX (20 décembre 1800), avec quelques modifications insignifiantes. On y remarque toutefois l'addition d'un nouvel article que nous signalons à cause de sa naïveté : « La corde qui sert à soutenir le Quainqué (*sic*) sera visitée et renouvelée s'il en est besoin, pour prévenir les accidens qui pourroient résulter de sa chûte. »

Il est à présumer que l'on consolida convenablement les attaches du quinquet (nous disons aujourd'hui le lustre), puisque, quelques jours après la publication de cet arrêté, la Municipalité autorisait le rétablissement des bals masqués au théâtre, qui avaient été supprimés depuis plusieurs années.

Cette autorisation, donnée à la *Société dramatique* qui exploitait alors le théâtre (7 nivôse an IX, — 28 dé-

cembre 1800), était surbordonnée à certaines obligations jugées nécessaires pour assurer le maintien du
bon ordre. Ainsi, quatre artistes de la troupe devaient
se tenir dans la salle pendant toute la durée du bal,
avec mission de signaler immédiatement aux officiers
de police les personnes qui ne se conduiraient pas
décemment, ou qui entreraient « avec des armes,
cannes, bâtons, fouets ou autres objets offensifs. » Il
était même interdit de s'y présenter avec des man-
teaux.

Il paraît que cette dernière défense fut éludée par
quelques farceurs qui, laissant au vestiaire le manteau
frappé de proscription, firent leur entrée au bal chaus-
sés de bottes et vêtus de l'ample roquelaure à la mode
à cette époque. La plaisanterie ne fut pas du goût de
la Municipalité, qui prit aussitôt l'arrêté suivant
(27 nivôse an IX — 17 janvier 1801) :

LE MAIRE DE RENNES,

Considérant que, dans tous les temps, il a été reçu en bonne
Société que les Individus qui s'y présentent soient décemment
vêtus ;

Considérant que le Costume en Bottes et Roquelaure ne peut
être admis dans aucune Société, et désirant voir la décence
régner dans un lieu qui réunit les Citoyens pour jouir du plaisir
de la Danse,

ARRÊTE :

ART. 1ᵉʳ. — Nuls individus, autres que ceux en Uniforme, ne pourront descendre dans la Salle du Bal en Bottes;

ART. 2. — Il est également défendu d'y entrer vêtu d'une Roquelaure, et d'y avoir son chapeau sur la tête, soit dans l'intérieur du bal, soit dans les Loges[1].

Force resta à l'autorité, et aucun désordre sérieux ne signala pendant longtemps les représentations dramatiques ou les bals masqués du théâtre.

[1]. Archives municipales. Registres des Arrêtés.

CHAPITRE VII

INTERDICTION DES CAFÉS ET DU THÉÂTRE AUX ÉLÈVES DU LYCÉE.
— LE NOUVEAU RIDEAU DU « SPECTACLE ». — LA TROUPE
DRAMATIQUE DE Mme D'AUTHAIS.

Nous arrivons à l'époque impériale, à ce moment où chaque jour on se disputait, dès que la malle-poste les apportait à Rennes, les feuilles de Paris qui donnaient les bulletins de l'armée. On les lisait dans les rues, sur les places, dans les carrefours ; puis, le jour baissant, la foule envahissait les cafés, même le Théâtre, et y continuait avec une animation croissante les bruyantes conversations commencées en plein air.

Comme on le pense bien, la jeunesse ne restait pas en arrière. Les écoliers d'alors, encore plus inflammables peut-être que ceux d'aujourd'hui, n'étaient pas les derniers rendus à cet assaut quotidien des lieux publics où se célébraient avec enthousiasme les victoires de nos armes; mais ces élans patriotiques, fort louables d'ailleurs, devinrent très préjudiciables à la bonne marche des études et à la discipline des établissements d'éducation, puisque le maire se vit obligé d'intervenir.

Ce magistrat fit placarder, le 20 octobre 1809, un avis rappelant les dispositions d'un ancien règlement de police de 1786, alors tombé en désuétude. Cet avis était ainsi conçu :

LE MAIRE DE RENNES,

Rappelant le Règlement général de Police du 12 Avril 1786, qui fait défense aux Étudians [1] d'aller dans les Cafés et Billards, et aux Maitres de les y recevoir, à peine de prison, d'amende et de fermeture de leurs Maisons;

Considérant que l'intérêt des Familles exige que ce Règlement soit suivi avec exactitude; que les progrès de l'Enseignement donné au Lycée seroient essentiellement compromis par des sujets de dissipations jugés incompatibles avec l'âge des Étudians; et pour calmer les inquiétudes que les Parens et le Proviseur ont témoignées;

Défend aux Maitres de Cafés et Billards de recevoir aucun Élève du Lycée. Il est enjoint aux Commissaires de Police de veiller à ce qu'ils n'y soient point admis, *et à ce qu'ils n'entrent*

---

1. On désignait alors sous le nom d'*étudians*, non seulement les élèves des Facultés, mais encore ceux des collèges, lycées ou établissements quelconques d'instruction.

point à la Salle de Spectacle. S'ils en trouvent quelques-uns dans ces lieux Publics, ils les feront de suite reconduire au Lycée par les Gardes de la Ville qui les remettront entre les mains de M. le Proviseur.

Laissons désormais nos turbulents collégiens à leurs plus ou moins chères études, et revenons à notre théâtre du Champ-Jacquet.

En 1810, on fit de nouvelles réparations à la Salle de Spectacle. A cette occasion, des artistes et des amateurs de la ville « dans l'intention de faire hommage de leurs talens à leurs concitoyens, » entreprirent de repeindre le rideau.

Le jour où ce rideau parut pour la première fois, il y avait foule au théâtre pour voir et juger l'œuvre dont toute la ville s'entretenait depuis plusieurs semaines. Quand les portes s'ouvrirent, à quatre heures de l'après-midi, le public envahit promptement toutes les places, et put admirer à loisir la majestueuse composition allégorique dont l'explication lui était donnée, avec une sage prévoyance, dans une notice imprimée que chaque spectateur avait reçue en passant au contrôle.

Voici ce qu'on y lisait :

NOTICE

SUR LE RIDEAU DU SPECTACLE DE RENNES.

Sujet : APOLLON MUSAGÈTE (*ou Conducteur des Muses*) *reçoit les hommages des Muses qui président à la Comédie, la Tragédie, la Poésie héroïque, la Danse et la Poésie érotique.*

APOLLON, présidant les Muses, est couronné de lauriers.

De sa main droite il tient sa lyre ; il présente l'autre main aux Muses, en signe de bienveillance. Il est revêtu d'une ample draperie pourpre et assis sur un trône d'or ; c'est ainsi qu'il est représenté sur une peinture antique trouvée à Herculanum.

THALIE, fine observatrice des mœurs et des ridicules, écoute et regarde avec malice ; elle est couronnée de lierre. D'une main elle tient un masque comique, de l'autre un bâton recourbé, appelé *Pedum*, pour marquer que la Comédie naquit à la campagne.

MELPOMÈNE, ferme et sévère, a le front élevé et le regard assuré : sa tête est ornée du diadème et du bandeau royal, dont les bouts retombent sur ses épaules. Elle est richement vêtue. D'une main elle s'appuie sur une massue et porte l'autre au poignard qui est à sa ceinture. La massue, dans les mains de la Muse tragique, est un emblème qui la caractérise particulièrement ; elle désigne les actions héroïques et doit d'ailleurs être regardée comme un sceptre antique, les deux mots grecs qui signifient *sceptre* et *massue* étant synonymes.

CALLIOPE chante les Dieux et les Héros ; elle porte la tête élevée et semble inspirée par le Ciel ; elle est couronnée de lauriers ; sur sa tête brille une flamme, emblème du génie. D'une main elle tient un volume, et de l'autre une trompette. Fille du Ciel, son vêtement est vert clair, l'une des plus brillantes couleurs de l'arc-en-ciel.

A la suite de Calliope vient THERPSICORE, dont les jeux ajoutent tant de charmes à nos Représentations Théâtrales. Cette Muse est précédée d'un Amour qui tient un léger instrument (le triangle) dont le bruit excite à la danse. Elle tient dans ses mains un tambour de basque, sur lequel elle frappe en cadence. Son vêtement transparent cède au mouvement de l'air qu'elle agite : un zéphir voltige près d'elle, et répand des fleurs sur ses pas.

Sur le premier plan du Tableau est placée ERATO ; elle écoute les inspirations de l'Amour qui d'une main tient son arc et de l'autre lui présente une flèche enflammée, pour être substituée au style qu'elle tient encore. Sa tête est couronnée de myrtes et de roses. Près d'elle on voit une lyre et des volumes où sont tracés ses écrits ou ceux qu'elle a inspirés. Cette Muse chante les Bergers et l'Amour. Elle est vêtue de vert ; c'est la couleur des gazons et de l'espérance l'une des plus douces jouissances de l'Amour.

Un jeune FAUNE est à côté d'Erato, et joue de la flûte de Pan. Le bâton de Berger est près de lui.

La scène est placée dans les régions élevées de l'air.

Ce Rideau est peint par quelques Amateurs et Artistes de cette Ville, dans l'intention de faire hommage de leurs talens à leurs Concitoyens.

Le public ne ménagea pas aux « amateurs et artistes », auteurs de ce chef-d'œuvre, les bruyants témoignages de sa satisfaction, et le nouveau rideau obtint un véritable succès, qu'il partagea d'ailleurs avec la troupe dramatique qui desservait en ce moment le théâtre.

Cette troupe était dirigée par une dame d'Authais, dont nous ignorerions absolument l'existence et le nom si nous n'avions trouvé aux archives municipales un curieux document portant sa signature, et qu'on lira peut-être avec intérêt parce qu'il nous renseigne assez exactement sur les obligations alors imposées aux artistes dramatiques. C'est un placard in-folio, imprimé à Rennes, chez Julien Frout, rue de Tilsitt, 10 (aujourd'hui rue Lafayette).

En voici la teneur :

RÈGLEMENT *pour les Artistes et Personnes attachés à la Troupe de Madame* D'HAUTAIS, *Directrice privilégiée du gouvernement et de LL. EE. Messeigneurs les Ministres de l'Intérieur et de la Police, et sous la protection des Autorités constituées.*

ARTICLE PREMIER. — Tout Acteur ou Actrice devra se trouver au théâtre chaque jour de spectacle, pendant l'heure qui précédera son ouverture, et ne devra s'en éloigner, s'il ne joue pas, qu'après avoir fait connaître au Directeur ou au Régisseur l'endroit où on pourrait le trouver dans la soirée, en cas de besoin.

ART. II. — Tout Acteur ou Actrice jouant dans les pièces du soir sera tenu de se tenir prêt pour la levée du rideau, à peine de 12 livres d'amende, et en cas de récidive, il en sera fait rapport *aux Autorités compétentent* (sic).

Art. III. — Tout Artiste manquant la répétition sera imposé à 30 sous d'amende pour le premier quart-d'heure, à 3 livres pour le second, et à 6 livres pour la répétition entière. Celui qui (la répétition commencée) manquera sa réplique, sera imposé chaque fois à 15 sous d'amende.

Art. IV. — Nul ne pourra se dispenser de paraître dans les pièces à spectacle et autres, à peine de 6 livres d'amende.

Art. V. — Chaque rôle distribué aux Artistes portera le nombre de lignes dont il se compose et la date du jour où il aura été donné; il devra être su par cœur, dans un nombre de jours proportionnés à sa longueur, à raison de vingt-cinq lignes par jour. L'acteur en défaut sera imposé à 3 livres d'amende par chaque jour de retard.

Cette mesure ne peut atteindre que les personnes de la troupe qui s'obstineraient à rester dans une inaction aussi funeste à elles-mêmes qu'au Directeur; elle est nulle pour celles qui ont à cœur de se rendre utiles, et qui sont même accoutumées à faire plus que ce que prescrit cet article.

Art. VI. — Quand une pièce aura été fixée, elle ne pourra souffrir aucun retard, à moins d'un ordre particulier du Directeur. L'Acteur qui par négligence causerait un retard, serait imposé à une amende proportionnée au tort qui résulterait de sa négligence.

Art. VII. — Nul n'aura le droit, sans l'aveu du Directeur, de céder ou troquer le rôle qui lui aura été donné, comme aussi d'y faire des coupures, changemens ou additions.

Art. VIII. — Chaque jour de spectacle, tous les Artistes

tiendront leurs paquets prêts pour quatre heures très précises, afin que les garçons puissent les prendre à l'heure dite et les porter au théâtre.

ART. IX. — Lors du départ de chaque ville, ils seront également obligés de tenir leurs males (*sic*) prêtes pour l'heure très-précise qui aura été indiquée, sans quoi elles seraient voiturées aux dépens de ceux qui les auraient fait attendre.

ART. X. — Si, pour cause d'indisposition, un Artiste se trouvait dans le cas de manquer la répétition, il serait obligé d'en faire prévenir le Directeur une heure avant celle fixée pour la répétition, faute de quoi il serait sujet aux amendes prescrites.

ART. XI. — Dans le cas ci-dessus cité, le Directeur sera libre de faire constater l'indisposition par le médecin de la troupe ou tout autre officier de santé de la ville où l'on se trouvera, et si, d'après son rapport, elle se trouvait n'être qu'un prétexte, l'Artiste serait imposé à l'amende double de 12 livres.

ART. XII. — Les autres personnes de la troupe sont astreintes aux mêmes obligations que les Artistes, en ce qui concerne leur service respectif, et sujettes aux mêmes amendes dans le cas où elles ne rempliraient pas le devoir qui leur est imposé.

ART. XIII. — Si quelque Artiste, au mépris des présens réglemens et par oubli des principes qui doivent diriger tout homme honnête, se montrait récalcitrant et tout-à-fait contraire aux volontés de la direction, la punition serait remise à la décision des Autorités constituées.

ART. XIV. — Il est expressément défendu à la magasinière de donner à un Artiste un autre costume que celui qui aura été désigné pour chaque rôle par le Directeur ou le Régisseur, comme aussi de laisser emporter, sous aucun prétexte, par les

Artistes, aucuns costumes, habits ou accessoires du magasin qui lui est confié. Le Régisseur est tenu de se trouver au théâtre avant les heures indiquées ; et comme il doit donner l'exemple, il demeure assujetti, en cas de contravention personnelle, au double des amendes portées au présent réglement.

Signé : D'HAUTAIS,

Directrice Privilégiée.

CHAPITRE VIII

Les derniers jours de la vieille Salle de Spectacle. —
1830. — La « Parisienne » et la « Marseillaise ». — Les
doléances du « père Poirier ».

On a vu plus haut que les représentations
commençaient habituellement entre quatre
heures et cinq heures et demie de l'après-
midi. Elles devaient être terminées à neuf heures du
soir en toute saison, mais en 1816 l'Administration
fixa à dix heures au plus tard, en été, la fin du
spectacle. En 1821, le lever du rideau eut lieu à six
heures seulement, et il en fut de même tant que la
Ville n'eut d'autre salle de spectacle que celle du
Champ-Jacquet. C'est tout ce que nous trouvons
d'intéressant dans les nombreux arrêtés sur la « Police

du Spectacle » qui se succédèrent pendant les trente premières années de notre siècle.

Nous arrivons à 1830. Quelques mois après la Révolution de Juillet, la nouvelle Municipalité édicta à son tour un règlement de police sur le Théâtre, reproduisant à peu de chose près les précédents, et nous ne nous y arrêterions pas si nous n'y avions relevé une circonstance particulière que nous devons signaler ici.

Le 14 décembre 1830, le Maire fit afficher deux arrêtés consécutifs sur la « Police du Spectacle ». Dans le premier il était dit que, « voulant concilier tout ce que peut exiger l'amour des lois et de la patrie, caractère distinctif de cette cité, les deux chants patriotiques de Juillet, la *Parisienne* et la *Marseillaise*, pourraient être chantés dès que le public en témoignerait le désir. »

Les spectateurs n'eurent même pas le loisir de manifester ce désir « patriotique », car à peine l'arrêté était-il placardé qu'il était, le jour même, remplacé par un autre, dans lequel il n'était plus question du « caractère distinctif de la cité », et qui défendait purement et simplement aux acteurs d'ajouter quoi que ce soit à leurs rôles.

A partir de 1830, les jours de la vieille salle de spectacle sont comptés. De temps en temps, on y fait plus ou moins de tapage; on s'y bouscule bien un peu;

on interrompt quelquefois la représentation par le *Chant du Départ*, comme en 1833 ; on siffle les acteurs, on brise les banquettes et on arrache les rampes des escaliers, comme en 1835 ; mais tout cela ne t're pas à conséquence : c'est tout simplement de la part de la jeunesse une explosion de légitime impatience. En effet, la Ville a décidé la construction d'un nouveau théâtre; la coque de l'édifice est terminée; mais les aménagements intérieurs se font avec une lenteur désespérante. Le public en a assez de la vieille salle enfumée de la Poulaillerie et il a hâte de prendre possession de ce « palais des Muses » qui étale vi - à-vis de l'Hôtel de Ville sa blanche rotonde et s: monumental péristyle.

Le Directeur lui-même, « le père Poirier », comme l'appelaient familièrement les habitués, partage l'impatience générale. Il est à Angers avec sa troupe d'opéra, et on lui a promis qu'il pourrait débuter à Rennes, dans la nouvelle salle, dès les premiers jours de janvier 1836. Mais on a compté sans les tergiversations et les indécisions des architectes, sans les lenteurs des ouvriers, sans les mille retards imprévus de la dernière heure... Et « le père Poirier » se désole! Qu'on lise cette lettre émue, qu'il adresse d'Angers au maire de Rennes, le 17 décembre 1835 :

Monsieur le Maire,

Un événement malheureux, qui vient de m'arriver à la représentation de *Marguerite d'Anjou*, me forcera peut-être à rester ici quelques jours de plus : au dénouement de cette pièce, tout le monde était placé sur la montagne pour former le tableau, lorsque la traverse qui la supportait s'est rompue au milieu. Comme c'est le plancher du théâtre qui se lève pour faire la montagne, le dessous était ouvert et plusieurs acteurs y sont tombés. Ma 1re basse et mon elleviou ont été grièvement blessés; ce dernier ne doit la vie qu'à son casque et à son armure. Cet accident m'a forcé à faire relâche mardi dernier et à interrompre les répétitions de *la Juive*, dans laquelle ils ont tous deux des rôles importants; cependant ils vont mieux, mais mon elleviou boite encore et j'ai peur qu'il ne se sente longtemps de cette chûte.

Le jour de mon départ de Rennes, j'ai vu M. Guibert (le propriétaire de la salle de la Poulaillerie); il me demande 60 fr. par représentation. C'est fort cher, mais ce ne serait rien si le public voulait y venir, et j'ai bien peur du contraire, car beaucoup de personnes m'ont déjà dit qu'elles ne viendraient et n'amèneraient leurs dames que dans la nouvelle salle. Enfin, si l'on ne peut faire autrement, il faudra bien s'y résigner, mais vous concevrez, Monsieur le Maire, que c'est une grande perte pour moi sous tous les rapports si je suis forcé de faire mes débuts dans la vieille salle[1].

1. Archives municipales.

On eut beau faire, on ne fut pas prêt, et la troupe Poirier dut faire ses débuts et produire son elleviou boiteux au Champ-Jacquet.

Enfin, dans les derniers jours de février 1836, Apollon, Thalie, Melpomène, Calliope, Therpsicore et Erato plièrent bagage et abandonnèrent pour jamais la rue de la Poulaillerie, où ils avaient trouvé asile pendant près de deux siècles.

CHAPITRE IX

Avant de suivre les acteurs dans le nouveau Théâtre, nous dirons quelques mots des transformations successives de l'ancienne Salle de Spectacle.

Elle fut d'abord utilisée, de temps à autre, pour des représentations de troupes acrobatiques, de danseurs de cordes, de luttes d'hommes, de prestidigitation, de pantomimes à grand spectacle.

Mais tout cela ne constituait plus qu'un bien maigre revenu pour le propriétaire de l'immeuble, qui, jusquelà, en avait retiré de sept à huit mille francs par an. Il dut, en conséquence, songer à tirer un parti aussi

avantageux que possible d'un local qui, par ses aménagements spéciaux, ne pouvait guère être utilisé que
par des entrepreneurs de spectacles. Il y fit des réparations considérables : il remania la scène, les loges
et les galeries, et remplaça le parterre et l'orchestre
par une piste sablée à laquelle les chevaux, entrant
par la porte de la Poulaillerie, pouvaient accéder de
plain-pied. C'est alors (avril 1837) que la vieille Salle
de Spectacle transformée prit le nom de « Théâtre du
Cirque ».

On y vit se succéder la célèbre troupe équestre des
Franconi; — les séances de prestidigitation de *Jules
Rovère*, « directeur du musée des enchantements mo-
dernes, professeur de magie naturelle et aéronaute; »
— les *Hercules parisiens* qui, d'après leur annonce, joi-
gnaient « à des forces herculéennes la grâce, la préci-
sion et surtout la légèreté qui semblerait étrangère à
leur structure colossale; » — le fameux *Méloglomane*,
« offrant aux curieux un exemple comique du degré
de variété auquel la voix de l'homme peut atteindre
avec le gosier, et qui, par sa persévérance, est parvenu
à rendre des sons que l'on croyait appartenir exclusivement aux chantres aériens; » — Les « *Fantoccini* ou
Pentagoniens théâtrals » (sic); — *Jocko* ou le *Singe du
Brésil*, drame-pantomime en deux actes « orné de tout
son spectacle », et dans lequel le rôle de Jocko est
rempli par « M. Mathevet, artiste de la Porte-Saint-

Martin, qui a fait une étude particulière à Paris, au Jardin-des-Plantes, des habitudes des singes, et qui est parvenu à les imiter de manière à faire illusion et à satisfaire les personnes qui voudront bien honorer le spectacle de leur présence[1]... »

Nous n'en finirions pas si nous voulions passer en revue les représentations de toutes sortes qui furent données pendant plusieurs années dans l'ancienne salle. Bien qu'il fût interdit d'y jouer le vaudeville, la comédie, le drame et l'opéra, genres exclusivement réservés au théâtre municipal, celui-ci eut à se plaindre plus d'une fois du tort que lui causait le Théâtre du Cirque.

Une entreprise qui eut beaucoup de succès au Cirque du Champ-Jacquet fut celle du *Concert-Musard*, sorte de concert-promenade dans le genre de celui que le célèbre chef d'orchestre des bals de l'Opéra, Musard Ier, venait de fonder à Paris.

Les Concerts-Musard de Rennes furent organisés au mois de décembre 1838 par une société d'artistes et d'amateurs de la ville qui exécutaient à grand orchestre des ouvertures d'opéras, des valses de Strauss, des quadrilles de Musard et de Blanckmann, des symphonies, des fantaisies pour divers instruments, et quelquefois des morceaux de chant.

---

1. Annonces, affiches et programmes de l'époque.

6

Pour la circonstance, la piste était recouverte par un plancher au milieu duquel s'élevait l'estrade des musiciens, décorée de fleurs et d'arbustes naturels. Les auditeurs, toujours nombreux, circulaient librement autour des exécutants, ou garnissaient les loges et les balcons de la salle.

Ces concerts, qui avaient lieu tous les lundis, eurent une grande vogue pendant plusieurs années ; puis l'orchestre des Concerts-Musard ayant fusionné avec la Société philharmonique, les concerts émigrèrent à l'Hôtel de Ville.

Les directeurs des troupes équestres, les acrobates, les physiciens abandonnèrent à leur tour le Théâtre du Cirque, qui fut loué à des industriels et à des commerçants. On voit encore aujourd'hui la grande porte « des Artistes » qui porte le n° 16 de la rue de la Poulaillerie. Le local a été occupé pendant longtemps par un entrepôt de vins, puis par une fabrique de lainages ; il s'y est tenu pendant quelque temps un bal public.

Dans la rue du Champ-Jacquet, au n° 23 bis, existait encore, il y a moins de vingt ans, la porte « du public », flanquée de colonnes, et qui fut ouverte en en 1797. C'est là qu'ont été longtemps l'imprimerie et les bureaux du *Journal de Rennes*, remplacés plus tard par un magasin de meubles, auquel a succédé une salle d'escrime.

Tout à côté existe un café, désigné il y a peu de temps encore sous le nom de « Café du Cirque », et qui est établi dans le local autrefois affecté au Café du Théâtre.

CHAPITRE X

Une soirée mémorable. — « La Dame Blanche » et « Maison a vendre ». — Inauguration du nouveau théâtre. — Répertoires des troupes lyriques et dramatiques en 1836.

Le mardi 1er mars 1836, la place de l'Hôtel-de-Ville et les rues avoisinant le nouveau théâtre présentaient une animation extraordinaire[1]. D'un côté du théâtre, encore entouré de palissades en planches, on hissait par les fenêtres d'énormes toiles roulées et empaquetées, tandis que de l'autre on descendait par les mêmes voies des échelles, des madriers, des perches. Dans les escaliers se bousculaient les tapissiers, les lampistes, les décorateurs. Sous le péristyle, encore encombré d'échafaudages, se pressait dès trois

---

1. Nous avons raconté ailleurs cet épisode. Voyez *Rennes illustré*, p. 213. (Rennes, Fr. Simon, 1897.)

heures de l'après-midi une foule tumultueuse, assié-
geant les deux guichets et réclamant à grand bruit leur
ouverture. Aux extrémités de la place, des groupes
d'habitués du « Spectacle », accompagnés de leurs
familles et munis de coupons de location, évitaient
prudemment les poussées de la foule, mais n'en
témoignaient pas moins leur impatience en consultant
à chaque minute et leur montre et le cadran du beffroi
municipal, dont les aiguilles leur semblaient marcher
ce jour-là avec une lenteur désespérante.

Enfin, à cinq heures du soir, les quinquets et les
réverbères s'allument, les guichets et les portes
s'ouvrent, les escaliers et les couloirs se remplissent,
et en moins de dix minutes les quatre étages du
théâtre sont bondés de spectateurs.

Quelle était donc la cause de cette affluence ? Ce
n'était pas assurément le programme de la soirée, car
il était des plus ordinaires : la *Dame Blanche*, opéra
comique en trois actes, et, comme lever de rideau,
Maison à vendre, opéra comique en un acte. Il est vrai
que la *Dame Blanche* était un opéra très goûté des
Rennais depuis dix ans déjà qu'on le jouait à Rennes.
Quant au lever de rideau, *Maison à vendre*, dont
l'auteur du livret était un enfant de Rennes (Alexandre
Duval, de l'Académie française), il appartenait depuis
plus de trente ans au répertoire courant.

Ce n'était donc pas, nous le répétons, la composition

du spectacle qui passionnait le public. Ce n'était pas non plus l'attrait d'un artiste en renom ou d'une étoile de passage, car les rôles principaux étaient remplis par les premiers sujets ordinaires de la troupe, Mme Bovery, « première chanteuse à roulades », et M. Seymour, « premier ténor en tous genres, jouant les rôles annexés dans le drame et le vaudeville ».

Ce qui causait tout cet émoi, ce qui portait la foule au Spectacle, c'était tout simplement la curiosité, l'attrait de la nouveauté. Ce jour-là avait lieu l'inauguration du nouveau théâtre... 1er mars 1836... date mémorable dans la vie de nos pères.

Le directeur Poirier voyait enfin se réaliser son rêve : jouer dans la nouvelle salle. Rêve de trop courte durée, hélas ! car au bout de quelques mois les artistes ne jouaient plus que devant des banquettes à peu près vides. Et cependant le brave homme avait fait des sacrifices considérables. Il était venu à Rennes avec une troupe d'opéra qui lui coûtait *quatre mille francs par mois !* Nous disons bien : *quatre mille francs,* chiffre énorme à cette époque, où un premier ténor était payé quatre cents francs par mois ; une première chanteuse légère, cinq cents francs ; un baryton et une première basse, chacun deux cents francs, soit pour ces quatre artistes, tête de troupe, une somme de treize cents francs, absolument insuffisante aujourd'hui pour payer le mois d'un très insuffisant ténor d'opérette.

Et quel répertoire!... Qu'on en juge par ce résumé sommaire des opéras joués pendant l'hiver de 1836-1837, et dont nous trouvons la liste officielle aux archives municipales :

Voici d'abord Dalayrac, avec *Adolphe et Clara;* — Carafa, avec la *Prison d'Edimbourg;* — Hippolyte Monpou, avec les *Deux Reines* et *Piquillo;* — Adolphe Adam, avec le *Chalet* et le *Postillon de Lonjumeau;* — Hérold, avec le *Pré-aux-Clercs* et *Zampa;* — Halévy, avec l'*Éclair* et la *Juive;* — Meyerbeer, avec *Marguerite d'Anjou* et *Robert le Diable;* — Rossini, avec l'*Italienne à Alger,* le *Comte Ory,* le *Barbier de Séville,* et *Guillaume Tell;* — Boïeldieu, avec la *Fête du Village voisin,* les *Voitures versées, Jean de Paris,* les *Deux Nuits,* le *Nouveau Seigneur du Village,* la *Dame Blanche;* enfin Auber, avec le *Concert à la Cour,* le *Maçon,* le *Philtre, Actéon,* la *Fiancée,* le *Serment, Lestocq,* l'*Ambassadrice, Fra-Diavolo,* le *Cheval de Bronze,* la *Muette de Portici.*

Voici ensuite Nicolo Isouard, Fétis, Bochsa, Berton, Lebrun, Gaveaux, Grisar, Grétry, avec *Cendrillon,* la *Vieille,* la *Lettre de Change, Aline,* le *Rossignol,* le *Bouffe et le Tailleur, Sarah, Panurge dans l'île des Lanternes,* etc., etc.

Et qu'on ne dise pas que nos directeurs d'alors ne donnaient que des vieilleries. Si le *Panurge,* de Grétry, si *Adolphe et Clara,* de Dalayrac, dataient du siècle précédent; si l'*Aline,* de Berton, si le *Bouffe et le Tailleur,* de Gaveaux, avaient dépassé la trentaine ; si l'âge du *Barbier*, de l'*Italienne*, du *Nouveau Seigneur*, de *Jean de Paris*, de *Cendrillon* variait entre vingt et vingt-sept ans, c'était là, à peu près tout l'ancien répertoire, les pièces de fond, comme on dirait aujourd'hui. Mais, en revanche, combien de nouveautés donnait-on dans la saison théâtrale 1837-1838 ? Le *Serment*, le *Pré-aux-Clercs* avaient cinq ans ; — la *Prison d'Edimbourg* avait quatre ans ; — le *Châlet*, *Lestocq*, trois ans ; les *Deux Reines*, l'*Éclair*, le *Cheval de Bronze*, deux ans ; — *Actéon*, *Sarah*, l'*Ambassadrice*, le *Postillon de Lonjumeau*, un an ; — *Piquillo*, de Monpou, et la *Double Échelle*, œuvre de début au théâtre d'Ambroise Thomas, étaient joués à Rennes l'année même de leur première représentation à Paris.

La troupe de Comédie avait un répertoire non moins varié que celui de la troupe d'Opéra, avec laquelle elle alternait ses séjours à Rennes. Nous citons au hasard, parmi les nombreux programmes de 1837 : *Michel et Christine*, le *Vagabond*, *Renaudin de Caen*, *Héloïse et Abeilard*, la *Belle Écaillère*, le *Gamin de Paris*, le *Conseil de Discipline*, *Napoléon*, *Pierre le Rouge*, le *Muet d'Ingouville*, la *Camaraderie*, *Constantine*, *Fénélon*, *Kean*, *Bruno le Fileur*, un *Duel sous Richelieu*, le *Père de la Débutante*, etc.

Avouons que nos pères n'étaient pas trop mal partagés sous le rapport de la variété du répertoire, et qu'ils n'avaient que l'embarras du choix entre les grands opéras, les gais opéras comiques, les sombres mélodrames, les fines comédies et les amusants vaudevilles à ariettes.

CHAPITRE XI

EN 1790, l'Assemblée nationale avait aboli les privilèges des spectacles et rendu un décret permettant à tout citoyen d'élever un théâtre public et d'y faire représenter des pièces de tous les genres. Cette loi fut abrogée seize ans plus tard, par un décret impérial du 8 juin 1806, qui rétablit les privilèges des théâtres. Enfin le 19 août 1814, un arrêté ministériel vint réglementer les exploitations théâtrales en province. Voici quelques-unes des dispositions essentielles de cette nouvelle réglementation, qui, légèrement modifiée en 1824, resta en vigueur jusqu'au moment où le décret impérial du 6 janvier 1864 proclama de nouveau la liberté des théâtres.

D'après le règlement de 1814, la France était divisée en vingt-cinq arrondissements de théâtres. Chaque arrondissement comprenait un ou plusieurs départements, selon le nombre de villes susceptibles d'avoir du spectacle. Il y avait deux espèces de directeurs : ceux des troupes stationnaires, pour les villes ayant des spectacles permanents, et ceux des troupes ambulantes, pour les villes qui ne pouvaient pas avoir de spectacle à longue année. Les directeurs étaient nommés par le ministre de l'Intérieur, sur la présentation des préfets, et pouvaient être révoqués pour inexécution des conditions de leurs priviléges. Ils devaient justifier de moyens suffisants pour soutenir une entreprise théâtrale, et même fournir un cautionnement en immeubles ; mais l'Administration tenait rarement la main à l'exécution de cette dernière prescription. Le ministère promettait d'accorder des récompenses aux directeurs qui lui seraient signalés comme ayant fait le meilleur choix de pièces et qui auraient le mieux soigné leurs représentations; il promettait aussi des « marques de satisfaction » aux acteurs « se conduisant bien et faisant preuve de talents distingués ».

En exécution de ce règlement, Rennes fut désigné comme chef-lieu du 5ᵉ arrondissement théâtral, dans lequel furent comprises sept villes : Rennes, Laval, Château-Gontier, Le Mans, La Flèche, Saumur et Angers.

Cet arrondissement était desservi par deux troupes ambulantes ; la première jouait l'opéra et l'opéra comique ; à la seconde étaient réservés exclusivement le drame, la comédie et le vaudeville.

Prenons pour exemple l'année théâtrale de 1840-1841, qui durait dix mois. Voici comment elle était employée : la troupe d'opéra, dite *première troupe ambulante*, se formait au Mans et y jouait du 7 au 16 juin. Du 17 juin au 7 juillet, elle desservait Angers ; du 8 juillet au 6 août, Saumur. Elle revenait à Angers le 7 août et y restait jusqu'au 30. Du 1er au 8 septembre, elle séjournait à Château-Gontier, qu'elle quittait pour Laval, où elle jouait du 9 septembre au 6 octobre. Elle revenait au Mans le 7 octobre et retournait le 11 novembre à Angers, d'où elle ne partait que pour venir à Rennes, le 25 janvier, terminer sa campagne qui ne prenait fin qu'à la Semaine Sainte, en mars ou avril.

La troupe de comédie, *deuxième troupe ambulante*, se formait à Laval, où elle débutait le 11 juin. Puis elle séjournait successivement à Rennes, du 13 juillet au 2 août ; à La Flèche, du 4 au 16 août ; au Mans, du 17 août au 4 octobre ; à Angers, du 6 octobre au 4 novembre ; à Rennes, du 10 novembre au 5 janvier ;

dans une des villes de l'arrondissement non occupée par l'opéra, du 6 au 25 janvier; à Angers du 26 janvier au 7 mars; enfin à Saumur, jusqu'à la Semaine Sainte.

Rennes avait donc trois semaines de comédie en été et, en hiver, six semaines de comédie et trois mois consécutifs d'opéra, soit un peu plus de cinq mois de spectacle dans l'année.

C'était la ville la mieux partagée de l'arrondissement théâtral, puisque Angers, qui avait aussi plus de cinq mois de spectacle, ne jouissait de l'opéra que pendant deux mois d'hiver. Venaient ensuite : Le Mans, avec cinq semaines d'opéra et deux mois et demi de comédie; Laval, avec un mois d'opéra et un mois de comédie; Saumur, avec un mois d'opéra et deux semaines de comédie; enfin La Flèche, avec quinze jours de comédie, et Château-Gontier, avec une semaine d'opéra.

On conçoit combien des déplacements aussi fréquents, alors qu'on n'avait d'autres moyens de locomotion que l'antique diligence, devaient exténuer les artistes et grever lourdement le budget du directeur. Le seul voyage d'Angers à Rennes coûtait douze cents francs pour la troupe d'opéra, composée d'environ trente personnes.

Les artistes lyriques, dans une campagne de dix mois, chantaient, *répétitions non comprises,* quatre fois par semaine, soit cent vingt représentations coupées par huit voyages nécessitant un trajet de 600 kilomètres en diligence par toutes saisons! Et encore si nous faisions fig. rer ici le voyage de Paris au Mans, pour l'ouverture de la saison, et celui de Rennes à Paris à la fin de la campagne, on arriverait à près de 1,200 kilomètres.

CHAPITRE XII

Sr c'est aujourd'hui un rude métier que celui
d'artiste lyrique dans une troupe de province,
qu'était-ce donc il y a soixante ans?

La troupe d'opéra qui desservait le théâtre de
Rennes pendant l'hiver de 1839 avait pour « premier
ténor en tous genres » Warot, dont la femme tenait
l'emploi de jeune premier rôle dans la comédie.
Warot avait un répertoire vraiment extraordinaire,
dans lequel se rencontrent les genres les plus disparates, et nous nous refuserions à croire qu'il pût, dans
la même semaine, chanter *Robert-le-Diable*, le *Barbier*

7

de Séville, le *Postillon de Lonjumeau*, si nous n'avions sous les yeux, en écrivant ces lignes, les programmes de ses représentations.

C'est avec la même aisance, la même science, le même talent et aussi le même succès, que Warot interprète les œuvres de style si différent de Meyerbeer, de Rossini, d'Halévy, de Carafa, de Weber, d'Hérold, d'Adam, d'Auber. Voici d'ailleurs la liste abrégée des principaux opéras que chanta cet artiste pendant les trois premiers mois de 1839 : *Robert-le-Diable*, la *Juive*, le *Comte Ory*, *Masaniello*, la *Muette de Portici*, *Marguerite d'Anjou*, *Lestocq*, la *Pie voleuse*, le *Barbier de Séville*, la *Prison d'Édimbourg*, le *Cheval de bronze*, le *Domino noir*, *Robin des Bois*, l'*Ambassadrice*, le *Pré-aux-Clercs*, le *Postillon de Lonjumeau*, etc.

Et comme si ce n'est pas assez d'un répertoire aussi écrasant, le directeur y ajoute des bouts de rôles dans la comédie et dans les grands drames du répertoire. Ainsi nous voyons Warot, dans la même soirée (20 janvier 1839), chanter le rôle d'Horace dans le *Domino noir* et jouer un rôle de général dans un drame militaire. Cet acteur exceptionnellement doué trouve encore le temps de composer un opéra, *les Pénitents rouges*, dont il fait exécuter des fragments aux Concerts-Musard, où il se fait souvent entendre le lundi, seul jour de la semaine non employé par les répétitions ou les représentations au théâtre.

Quels pouvaient bien être les appointements de cet artiste ? — Warot, premier ténor en tous genres et rôles annexés dans le drame et la comédie, et sa femme, jeune premier rôle de drame et de comédie, touchaient *ensemble* SIX CENTS FRANCS PAR MOIS !

Chanteur de talent, excellent musicien, homme du monde, Warot avait su se concilier à Rennes les sympathies de tous, tant au théâtre qu'à la ville. De tous côtés on le sollicitait pour qu'il donnât des leçons ; mais en avait-il le loisir ? Cédant enfin à des instances réitérées, il abandonna le théâtre à la fin de 1839, se fixa définitivement à Rennes et se consacra dès lors exclusivement à l'enseignement du chant. A partir de ce moment, et pendant les quinze années qui suivirent, il professa dans les meilleurs pensionnats de la ville et dans les plus honorables familles. Après avoir conduit pendant quelque temps l'orchestre des Concerts-Musard, il prit la direction de la Société philharmonique, qu'il conserva pendant douze ans.

Il avait composé une *Messe solennelle* avec orchestre et chœurs qu'il fit exécuter à la Cathédrale à l'occasion du sacre de l'évêque Godefroy Saint-Marc, le 10 août 1841.

En 1851 il dirigeait aux Concerts de la Société philharmonique une œuvre très importante de sa composition, les *Bretons,* oratorio en trois parties.

Vers 1854, il faisait représenter au théâtre de
Rennes un opéra comique en deux actes dont il était
également l'auteur, *Inès ou la Fiancée espagnole*, qui
obtint beaucoup de succès. Enfin en 1855 il résolut
de quitter Rennes pour aller se fixer à Paris.

Qu'on nous permette de rappeler ici — et nous
ne le faisons pas sans une certaine émotion — un de
nos souvenirs personnels.

Peu de temps avant son départ de Rennes Warot,
qui, ainsi que nous l'avons dit, dirigeait l'orchestre de
la Société musicale, organisa pour soirée d'adieux un
concert auquel voulurent prendre part comme exécutants ses élèves, ses amis, ainsi que tous les musiciens,
artistes ou amateurs de la ville. Ce fut à qui témoignerait le plus vivement sa sympathie ou son amitié
à l'éminent artiste et à son cher fils, Victor, qui a
laissé de si bons souvenirs chez ses camarades du
Lycée et de l'École de Droit de Rennes[1].

Ce concert, véritable solennité musicale, eut lieu le
29 janvier 1855, dans la Salle des Fêtes de l'Hôtel de
Ville, trop petite ce jour-là pour contenir la foule
élégante et empressée.

Le programme était des mieux composés et des
plus attrayants. Ce fut d'abord l'exécution de la

---

1. Victor Warot fils fut non seulement un excellent élève du Lycée de
Rennes, mais encore un étudiant distingué de l'École de Droit dont il fut
lauréat.

magnifique et impressionnante ode-symphonie de
Félicien David, le *Désert*, avec orchestre, chœurs,
scènes déclamées. Les soli, l'*Hymne à la nuit*, la *Rêve-
rie du soir*, le *Chant du Muezzin*, étaient chantés par
Victor Warot fils. La seconde partie du programme
comprenait l'excellent violoniste Pilet dans une fantaisie sur *Norma*, de sa composition ; puis plusieurs
élèves ou amis de Warot, gens de la meilleure société,
qui chantèrent des morceaux du *Roi d'Yvetot* et de la
Juive, une *Sérénade* de Nadaud, etc. ; enfin Warot fils,
dont la fraîche et déjà puissante voix provoqua les
frénétiques applaudissements de toute la salle après
un duo d'*Inès*, le grand duo du *Prophète*, un duo et un
quintette du *Barbier de Séville*, enfin le grand air du
4ᵉ acte de *Lucie de Lammermoor*.

Cette inoubliable soirée fut un véritable triomphe
pour les deux Warot, qui quelques semaines plus tard,
prenaient la route de la capitale, au grand chagrin de
leurs nombreux amis.

Warot destinait son fils au barreau, mais celui-ci
ne se sentait aucun goût pour les luttes oratoires du
Palais. Son père ne voulut pas contrarier une vocation
qui s'affirmait chaque jour davantage, et il poursuivit
lui-même l'éducation artistique de son fils, déjà si
bien commencée à Rennes. L'avenir lui prouva qu'il
avait sagement agi.

Quatre ans après son départ de Rennes, Victor

Warot débutait brillamment à l'Opéra-Comique qu'il quittait en 1863 pour entrer à l'Opéra.

Pendant qu'il était attaché au théâtre de l'Opéra-Comique, Victor Warot vint deux fois à Rennes se faire entendre aux concerts de la Société musicale, dans cette même salle de l'Hôtel de Ville qui avait été témoin de ses premiers débuts. Le 31 janvier 1862 il chanta le grand air du *Pré-aux-Clercs*, celui de la *Dame Blanche*, un air du *Barbier de Séville* et deux mélodies tirées de l'Oratorio de son père, *les Bretons*. Le 22 mars suivant il se fit entendre dans le grand air de la *Dame Blanche* qu'on lui avait redemandé, dans l'air du *Joailleur de Saint-James*, dans la romance du *Petit Chaperon Rouge* et dans le grand duo de la *Reine de Chypre*. — Inutile de dire que le charmant artiste fut fêté comme il le méritait à tous égards.

Victor Warot est aujourd'hui un des meilleurs et des plus appréciés professeurs de chant du Conservatoire national. Il est chevalier de la Légion d'honneur.

Les vieux Rennais de notre temps, qui ont tous connu les deux Warot, nous sauront peut-être gré de leur avoir rappelé ces deux excellents artistes, et de leur avoir parlé du fils après avoir évoqué le souvenir de son digne père.

CHAPITRE XIII

AUTREFOIS, c'est-à-dire au commencement du
siècle, nos troupes d'opéra se composaient
de douze à quinze acteurs, pas davantage : la
tête de troupe et quelques rôles secondaires, mais pas de
choristes. La chanteuse, le ténor, la basse, le baryton
chantaient les récitatifs et les principaux morceaux
de l'opéra, airs, romances, cavatines, duos, trios, qua-
tuors, mais on supprimait purement et simplement
les chœurs.

Ce ne fut qu'en 1827, dans la vieille salle du
Champ-Jacquet, qu'un directeur nommé Clément,

plus audacieux que les autres, organisa pour la première fois à Rennes des chœurs d'opéra, à l'occasion
de la première représentation de *Robin des Bois*.
« Grande fut l'admiration, dit une chronique de l'é-
poque que nous avons en ce moment sous les yeux,
stupide fut l'étonnement quand on entendit le chœur
des chasseurs. Ils chantent en partie, s'écriait-on !..
ce qui ne s'était pas encore entendu sur notre théâtre. »

L'innovation du directeur Clément rendit désormais le public plus exigeant ; aussi à partir de ce
moment les troupes lyriques se complétèrent-elles
par l'engagement d'un certain nombre de choristes,
et put-on exécuter sans trop de coupures les nombreux
opéras qui ont fait les délices de nos pères.

Quand on jouait au Champ-Jacquet des opéras
sans chœurs, les appointements des artistes étaient
bien maigres : on payait un elleviou, 200 francs par
mois ; une première chanteuse, 180 francs ; une dugazon, 150 francs ; un martin, 180 francs.

Nous avons dit plus haut, à propos des répertoires
écrasants imposés aux artistes, ce que ceux-ci étaient
payés en 1836. En 1843, dans la nouvelle salle, un
premier ténor touchait mensuellement 500 francs ;
une première chanteuse 550 francs ; une première
basse, 250 francs. Le premier chef d'orchestre, sa
femme tenant l'emploi de dugazon et son fils celui
de second chef d'orchestre, touchaient *à eux trois*

425 francs par mois. Le reste était à l'avenant, et les appointements de toute la troupe d'opéra montaient à 4,620 francs par mois. L'orchestre coûtait alors 600 francs. Il est vrai qu'il était en grande partie composé d'amateurs qui non seulement ne touchaient aucun émolument, mais encore étaient régis par un règlement sévère édictant contre eux d'assez fortes amendes quand ils arrivaient en retard à leurs pupitres ou quand ils manquaient d'assister à une répétition ou à une représentation.

Nous avons eu à Rennes, pendant la saison théâtrale de 1884-1885, une troupe d'*opérette* composée de quarante-sept personnes, choristes compris, dont les appointements mensuels s'élevaient au total de 10.640 francs.

Un an auparavant, pendant la saison 1883-1884, le personnel de la troupe d'opéra-comique coûtait par mois la somme de 14.000 francs, sur laquelle le premier ténor prélevait 2.000 francs; la première basse et le second ténor, chacun 600 francs; la dugazon, 725 francs; la première chanteuse 2.000 francs. Cette année-là, l'orchestre seul coûtait 3.400 francs par mois, *non compris les appointements de son chef.* Ajoutant à ces dépenses celles nécessitées par la location des costumes et de la musique, par les gages des machinistes et gens de service, par l'affichage, le droit des pauvres, les droits d'auteurs, etc., on arrivait à un chiffre d'environ 19.000 francs que le directeur devait débourser à la fin de chaque mois[1].

Nos recherches se sont arrêtées à l'année 1885, et nous n'avons pas voulu les pousser plus loin. On comprendra notre réserve.

* *
*

Si la statistique est une science très utile et très précieuse en certains cas, elle n'en est pas moins, la plupart du temps, fort ennuyeuse. Aussi n'en abuserons-nous pas, et nous contenterons-nous d'indiquer ici, à titre de simple renseignement rétrospectif, quels furent, pendant une période de vingt saisons théâtrales consécutives, de 1864-65 à 1883-84 inclusivement, les opéras joués sur le théâtre de Rennes, ainsi que le nombre de leurs représentations[2].

Pendant ces vingt saisons il fut représenté 36 opéras qui fournirent 498 représentations ainsi réparties :

1. *Faust*[3] a été joué . . . .   55 fois.
2. *La Favorite* . . . .   52 —

---

1. Tous les chiffres donnés ci-dessus ont été relevés sur les états officiels des troupes théâtrales conservés aux Archives municipales.

2. Nous n'avons compris dans cette statistique que les *Opéras* et les *Traductions*, laissant à dessein de côté les *Opéras comiques* et les *Opérettes* qui nous eussent entraîné beaucoup trop loin.

3. *Faust* ne fut représenté pour la première fois à Rennes que pendant la saison théâtrale 1868-69.

3. *Lucie de Lammermoor* . . . . . 47 fois.

4. { *Le Trouvère.* . . . . } 41 —
   { *La Traviata.* . . . . }

5. *La Juive.* . , ... 25 —

6. *L'Africaine* . . . . 20 —

7. *Martha.* . . . . 19 —

8. { *Guillaume Tell.* . . . . } 16 —
   { *Les Huguenots* . . . . }

9. { *La Muette de Portici* . . . . . . } 15 —
   { *Rigoletto* . . . . }

10. *Hamlet* . . . . 14 —

11. *Robert le Diable* . . . . 13 —

12. *Charles VI.* . . . . 11 —

13. *Don Pasquale* . . . . 10 —

14. *Ernani.* . . . . 9 —

15. { *Norma.* . . . . } 8 —
    { *Le Bal masqué* . . . . }

16. *Jérusalem.* . . . . 7 —

17. { *Les Brigands* . . . . }
    { *Roméo et Juliette.* . . . . } 6 —
    { *Les Contes d'Hoffmann.* . . . . . }

18. { *Le Prophète.* . . . . }
    { *Le Docteur Crispin* . . . . } 5 —
    { *Mireille* . . . . }

19. { *Roland à Roncevaux.* . . . . . } 4 —
    { *La Somnambule* . . . . }

20. { *Freyschütz* .... } 3 fois.
{ *Le Bravo* .... }

21. { *Lucrèce Borgia* .... }
{ *Paul et Virginie* .... } 2 —
{ *Joseph* .... }

22. { *Don Juan* .... }
{ *La Reine de Chypre* .... } 1 —
{ *Othello* .... }

Si, d'après la liste qui précède, nous voulons établir
la part de chaque auteur, nous trouvons que dans
cette même période

Verdi a été joué .... 127 fois.
Donizetti.. .... 111 —
Gounod.................. 66 —
Meyerbeer .... 54 —
Halévy.................. 37 —
Flotow.................. 19 —
Rossini................. 16 —
Auber................... 15 —
Ambroise Thomas......... 14 —
Bellini................. 12 —
Offenbach............... 5 —
Ricci .... 6 —
Mermet .... 4 —
Weber..... } 3 —
Salvayre... }

Méhul. . . . . }
Victor Massé. . . . . } 2 fois.
Mozart. . . . .   1 —

On voit par les chiffres ci-dessus qu'en ce qui concerne seulement l'opéra pendant la période 1864-1884
les compositeurs italiens tiennent la tête avec 15 opéras ayant fourni 271 représentations ; que les compositeurs français, ou considérés comme tels, viennent
ensuite avec 13 opéras ayant fourni 149 représentations ; enfin que les allemands ont à leur avoir
6 opéras ayant fourni 60 représentations environ. Ceci,
nous le savons, ne tire pas à conséquence, et nous
n'entendons pas donner à ces indications plus d'importance qu'elles n'en comportent. Si l'on voulait
déterminer d'une façon certaine le goût du public
rennais, il faudrait nécessairement se baser sur la
totalité des représentations lyriques de toute nature,
opéras, traductions opéras comiques et opérettes.
Espérons que cette intéressante statistique sera faite
un jour ou l'autre par quelque travailleur plus patient
que nous.

CHAPITRE XIV

NOTES ET SOUVENIRS. — ELLEVIOU. — ROUSSEAU-LAGRAVE. — BELVAL. — BLANCHE PIERSON. — PÉBICAUD. — ANDRÉ TALLON. — DULAURENS. — SUJOL. — GILLANT. — ISMAEL. — MENJAUD. — Mlle MAUDUIT. — CHARELLI. — ENGEL. — MARGUERITE CHAPUY.

Nous pensons être agréable à nos lecteurs en leur donnant ici quelques notes sur certains artistes, comédiens ou chanteurs qui, soit nés à Rennes, soit ayant appartenu aux troupes sédentaires de notre théâtre, ont acquis les uns la célébrité, les autres une honorable notoriété sur des scènes de première importance. Nous suivrons autant que possible l'ordre chronologique.

ELLEVIOU est né en 1769 à Rennes, où il fut, au collège de cette ville, le condisciple d'Alexandre Duval et de Moreau. Son père était chirurgien en chef de l'hôpital militaire et le fils, d'abord destiné à suivre la carrière paternelle, mais n'ayant aucun goût pour la médecine, s'enfuit un jour et s'engagea dans une troupe de comédiens de province. Il vint à Paris en 1790 et débuta dans le *Déserteur* au Théâtre-Favart devenu plus tard le Théâtre de l'Opéra-Comique, dont il fut un des pensionnaires les plus distingués pendant vingt-trois ans. Ce ne fut, en effet, qu'en 1813 qu'il quitta le théâtre pour aller vivre dans une propriété qu'il avait achetée dans le département du Rhône. Il devint un agronome distingué, et c'est en cette qualité qu'il fut fait chevalier de la Légion d'honneur.

Il serait trop long d'énumérer ici tous les rôles que joua ou créa Elleviou ; contentons-nous de citer, parmi ses plus brillants succès, le *Déserteur* et *Félix*, de Monsigny ; *Michel-Ange*, de Nicolo Isouard ; *Gulnare*, *Maison à vendre*, *Adolphe et Clara*, de Dalayrac ; le *Prisonnier*, de Della-Maria ; les *Maris garçons*, de Berton ; *Joseph*, de Méhul ; *Jean de Paris*, de Boïeldieu, etc.

ROUSSEAU-LAGRAVE vint fort jeune se fixer à Rennes, où il comptait vivre de son pinceau, car il était peintre, et, nous devons le dire, il n'obtint dans son art que de fort médiocres résultats. L'évêque de Rennes, qui s'intéressait au jeune artiste dont il avait remarqué la jolie voix de ténor, le fit entrer comme soliste à la maîtrise de la Cathédrale. Invité dans la meilleure société, il chantait dans les salons, dans les concerts, souvent dans les églises.

Un jour Rousseau-Lagrave quitta brusquement notre ville, sans prévenir personne. On apprit bientôt qu'il s'était fait trappiste, et on l'avait déjà presque oublié lorsque tout à coup, abandonnant le froc, il revint à Rennes avec l'idée, bien arrêtée cette fois, d'aborder la carrière théâtrale. En effet, bien que fort inexpérimenté, il débutait sur notre scène, en 1846, dans le rôle de Fernand de la *Favorite*, qu'il chanta deux fois.

L'Œuvre maîtresse de Donizetti constituait seule à ce moment tout le bagage lyrique du débutant qui, encouragé par le succès, se mit résolument au travail pour se constituer un répertoire. Il y réussit assez promptement puisque, quelques mois plus tard, après avoir chanté au Mans et à Angers, il revenait à Rennes en janvier et février 1847 et s'y faisait applaudir, d'abord dans son opéra de premier début, la *Favorite*, puis successivement dans *Lucie de Lammermoor*, la *Muette de Portici*, le *Comte Ory*, *Guillaume Tell*. Le 4 mars suivant on jouait pour la première fois à Rennes les *Mousquetaires de la Reine*, avec Rousseau-Lagrave dans le rôle d'Olivier d'Entragues.

Après avoir chanté à Bordeaux et dans plusieurs autres grands théâtres de province, il fut engagé à

8

Paris, au théâtre de l'Opéra, sous le nom de Stephan de la Grave, le 1ᵉʳ juillet 1851 ; il n'y resta que peu de temps et chanta au Théâtre-Lyrique en 1854.

Voici d'ailleurs, au sujet de cet artiste, un extrait d'une lettre qui nous fut obligeamment adressée en 1887 par le regretté bibliothécaire-archiviste de l'Opéra, le second auteur dramatique Charles Nuitter, avec lequel nous avions le plaisir d'être en relations à cette époque :

ARCHIVES
ET
BIBLIOTHÈQUE
DE
L'OPÉRA
—

Paris, 19 novembre 1887.

MONSIEUR,

Voici les renseignements que je puis vous transmettre sur le ténor R. de la Grave, d'après la *Revue et Gazette musicale*, et le dossier de cet artiste :

1849, à Bordeaux, il joue la *Reine de Chypre*.

1850, à Bordeaux, il joue la *Favorite*, *Lucie*, les *Huguenots*. En juillet, *Charles VI* (il est sifflé par une cabale à sa rentrée, puis applaudi par toute la salle).

1851, à Paris, Théâtre de l'Opéra :

   1ᵉʳ *engagement*. — THÉOPHILE STEPHAN DE LA GRAVE. Du 1ᵉʳ juillet au 31 décembre 1851 ; 1000 francs par mois.

   2ᵉ *engagement*. — Du 1ᵉʳ janvier au 31 décembre 1852 ; 14,000 francs par an. Deux congés ; un de quinze jours, un de six semaines. Cet engagement est résilié, d'un commun accord, à partir du 1er juillet 1852[1].

Ouvrages chantés à l'Opéra :

1851, 18 juin. 1er début. *La Favorite.*
— 25 juin. 2e début. *La Favorite.*
— 7 juillet. 3e début, *Lucie.*
(Il n'a pas chanté d'autres rôles à l'Opéra).

1854, à Paris, au Théâtre-Lyrique :
— février. — Débute dans *Élisabeth.*
— mai. — Chante la *Reine d'un jour.*
1855, chante *Robin des Bois.*

Je n'ai pas trouvé dans nos archives d'autres renseignements sur R. de la Grave.

Veuillez agréer, etc.

Signé : Ch. NUITTER.

Le pauvre Rousseau-Lagrave eut une triste fin : il périt dans un naufrage. En 1861, il s'embarquait pour la Nouvelle-Orléans avec une troupe lyrique, et le navire qui l'emportait périt corps et biens pendant la traversée.

1. Nous avons tenu à donner ici ces renseignements *officiels*, afin de détruire une légende fort accréditée autrefois à Rennes, et d'après laquelle Rousseau-Lagrave aurait eu à l'Opéra des appointements rien moins que fabuleux. On allait jusqu'à affirmer que cet artiste touchait *de huit à dix mille francs* PAR MOIS!... Mais qui veut trop prouver ne prouve rien. La lettre de Charles Nuitter met les choses à leur point.

BELVAL, dont le vrai nom est Gaffiot, est né à Rennes en 1823. Son père, ancien militaire, tenait un débit de tabac rue du Champ-Jacquet, à l'entrée de notre ancien Théâtre du Cirque. Le jeune Belval était un grand ami de Rousseau-Lagrave, avec lequel il chanta souvent dans les salons rennais. En 1846, alors que Rousseau-Lagrave débutait à Rennes dans la *Favorite*, Belval s'engageait comme basse-taille dans une troupe de province. En 1850, il tenait cet emploi au Grand-Théâtre de Lyon, et en 1855, il était engagé à Paris, à l'Opéra, où il débutait dans le rôle de Marcel, des *Huguenots*, qui fut un de ses plus grands succès avec ceux de Bertram dans *Robert le Diable*, de Walter dans *Guillaume Tell* et de Brogni dans la *Juive*. Pendant les 21 ans qu'il est resté à l'Opéra, Belval a chanté ou créé de nombreux rôles, notamment dans la *Favorite*, la *Magicienne*, le *Prophète*, la *Reine de Saba*, *Roland à Roncevaux*, l'*Africaine*, etc. Sa représentation de retraite eut lieu en 1876, et l'année suivante il chantait dans une troupe italienne au Lyceo de Barcelone.

En 1854, il y avait au théâtre de Rennes un excellent acteur qui cumulait dans la troupe les emplois de régisseur général « parlant au public », de trial dans l'opéra comique et de premier comique « marqué » dans la comédie, le drame et le vaudeville. Il

avait une charmante et fort intelligente fillette de quatorze ans qu'il fit débuter un jour dans l'amusant vaudeville d'Eugène Deligny, *la Fille Terrible*. L'enfant
s'y révéla véritablement artiste, et à partir de ce moment elle parut plusieurs fois sur notre scène dans
des rôles appropriés à son âge. Notre gentille petite
débutante de 1854 s'appelait BLANCHE PIERSON.

En quittant Rennes après la saison terminée, son père
et elles furent engagés à Bruxelles. Ils revinrent ensuite
à Paris et Blanche débuta à l'Ambigu, où elle ne resta
que peu de temps. Elle fut bientôt engagée au Vaudeville, où elle créa en 1858 le rôle de Christine dans le
Roman d'un jeune homme pauvre, d'Octave Feuillet.
Après un court séjour à ce théâtre elle entra au Gym-
nase, qu'elle quitta pour retourner au Vaudeville où
elle resta longtemps. Elle débuta à la Comédie-Française en 1884 et fut reçue sociétaire l'année suivante.
Sur toutes les scènes où elle a passé, Blanche Pierson
a joué ou créé de nombreux rôles qui lui ont acquis
une juste célébrité.

De 1856 à 1858 nous avions à Rennes, dans la
troupe de comédie, un jeune comique nommé PÉRI-
CAUD, dont les habitués du théâtre appréciaient fort
le mérite. Il venait de Bobino, le minuscule et popu-
laire théâtre du Luxembourg, où il s'était engagé à la
suite d'un coup de tête, alors qu'il se préparait à passer

ses examens pour l'École militaire de Saint-Cyr. Jouant d'abord les vaudevilles du répertoire courant, il se mit à étudier sérieusement, et, un beau jour, il ne craignit pas d'aborder le rôle écrasant de l'intrigant barbier dans le *Mariage de Figaro*. Ce fut une véritable révélation, et tous ceux qui eurent la bonne fortune de l'applaudir ce soir-là — et nous étions du nombre — n'ont jamais oublié son aisance, son naturel, sa verve, son esprit, lorsqu'il débita le fameux monologue du 5ᵉ acte.

Après deux ou trois saisons passées à Rennes, Péricaud retourna à Paris et joua successivement au Vaudeville, à Cluny, à la Porte-Saint-Martin, à l'Ambigu, au Château-d'Eau. Sur ces diverses scènes il a montré un réel talent. Travailleur infatigable, il a encore trouvé le temps d'écrire un assez grand nombre de pièces, vaudevilles, comédies, drames et opérettes, soit seul, soit en collaboration.

ANDRÉ TALLON, jeune ténor à la voix fort agréable, chanta pour la première fois à Rennes, en 1852, le rôle de Daniel dans l'opéra d'Hippolyte Monpou, *la Chaste Suzanne*. Il fut engagé l'année suivante à Paris, au Théâtre-Lyrique, où il créa brillamment le rôle de Danikoff dans *Élisabeth*, de Donizetti, où il avait pour partenaires Laurent, Colson, Junca et Mᵐᵉ Colson. Rappelons en passant que c'est dans ce même rôle de Danikoff que Rousseau-Lagrave débuta au Théâtre-Lyrique en 1854. Ce fut au même théâtre que Tallon créa, avec Laurent, Grignon et Mme Meillet, *Maître Wolfram*, d'Ernest Reyer.

Nous devons une mention à DULAURENS, ce ténor à la voix tout à la fois souple et puissante qui, après avoir chanté *Guillaume Tell* et *Robert le Diable*, se faisait chaleureusement applaudir dans le répertoire courant de nos opéras comiques d'Auber, d'Adam, d'Hérold et de Boïeldieu. En quittant le théâtre de Rennes après deux laborieuses et brillantes saisons consécutives, il fut engagé à Paris, au Théâtre de l'Opéra. Il chanta ensuite au Théâtre-Lyrique où il créa le principal rôle dans les *Lavandières de Santarem*, de Gevaert.

Après avoir supporté chez nous pendant une saison tout le poids du répertoire d'opéras, de traductions et d'opéras comiques, le ténor SUJOL fut engagé à Paris, où il sut faire vivement apprécier son beau talent, et où il a laissé les meilleurs souvenirs. C'est lui qui a créé au Théâtre-Lyrique le *Bijou perdu* et le *Muletier de Tolède*, d'Adolphe Adam.

C'est le ténor GILLANT qui chanta avec un immense succès le rôle de Faust lorsque le chef-d'œuvre de Gounod fut représenté pour la première fois à Rennes pendant l'hiver de 1868-1869. Après cette saison il était engagé à Londres, au Théâtre Drury-Lane, dans une troupe italienne où il était connu sous le nom de Gillandi.

N'oublions pas, parmi les anciens artistes du théâtre de Rennes, le baryton ISMAËL qui créa au Théâtre-Lyrique plusieurs rôles, notamment dans les *Pêcheurs de Perles*, de Bizet, et dans les *Joyeuses Commères de Windsor*, d'Otto Nicolaï.

Rappelons aussi le souvenir du ténor MENJAUD qui a acquis une réputation méritée au Théâtre-Lyrique, où il chanta la *Fille invisible*, de Boïeldieu; *Mosquita la Sorcière*, de Boisselot; la *Poupée de Nuremberg*, d'Adolphe Adam, etc. Ce fut Menjaud qui chanta à Rennes le rôle de Corentin dans le *Pardon de Ploërmel*, lorsque cet opéra fut monté chez nous pour la première fois.

Après avoir pris à Rennes, sa ville natale, les premières notions de son art sous l'habile et savante direction de Warot père, Mlle MAUDUIT se fit entendre dans notre grande salle de l'Hôtel de Ville, aux concerts de la Société musicale, où sa belle et puissante voix fut très remarquée. Elle fut bientôt engagée à Paris, au Théâtre de l'Opéra, où elle resta quelques années, et qu'elle quitta pour se livrer exclusivement au professorat.

CHARELLI, après une saison passée chez nous, fut engagé à Paris, à l'Opéra-Comique, où il débuta dans le rôle de Tonio, de la *Fille du Régiment*, qui lui avait valu à Rennes un de ses meilleurs et de ses plus francs succès.

Après avoir chanté dans plusieurs autres villes, le ténor ENGEL vint faire une saison à Rennes, où il conquit tous les suffrages. Bientôt engagé à Paris, au Théâtre-Lyrique, il y chanta le rôle de don Manoël, dans *Giralda*. Il entra ensuite à l'Opéra-Comique, où il chanta avec le plus grand succès la *Dame blanche*, *Mignon*, les *Diamants de la Couronne*, le *Déserteur*, le *Pré-aux-Clercs*, etc. Un jeu intelligent, un style impeccable, un goût parfait, un timbre de voix des plus agréables, telles furent les principales qualités de cet artiste qui fut un des meilleurs chanteurs du théâtre de Rennes.

MARGUERITE CHAPUY !... Quels bons et délicieux souvenirs évoque ce nom chez tous ceux qui, comme nous, fréquentaient assidûment le Théâtre de Rennes il y a vingt-sept ans !

Ce fut pendant l'hiver, de 1872-1873 que cette éminente cantatrice nous tint pendant six mois sous le charme de son jeu si distingué et si délicat, de sa voix si claire, si sympathique, si harmonieuse. Avec un tel talent elle ne pouvait rester longtemps dans un théâtre de province ; aussi, à peine libre de son engagement de Rennes, elle débutait à Paris, à l'Opéra-Comique, dans *Haydée*. Elle y chanta successivement, et toujours avec un immense succès, les premiers rôles dans *Maître Wolfram*, *Mignon*, *Joconde*, *Carmen*, le *Val d'Andorre*, le *Pré-aux-Clercs*, la *Fille du Régiment*, les *Dragons de Villars*, l'*Ambassadrice*, les *Noces de Jeannette*, le *Domino noir*, les *Amoureux de Catherine*, *Philémon et Baucis*.

Sans crainte d'être taxé d'exagération nous pouvons dire que le nom de Marguerite Chapuy est resté inscrit au livre d'or du Théâtre de l'Opéra-Comique, dont elle fut une des plus remarquables et des plus brillantes pensionnaires.

CHAPITRE XV

L nous a semblé que, comme suite naturelle aux chapitres précédents, il était bon de parler ici de la presse théâtrale, si l'on peut qualifier de la sorte la très modeste petite feuille dont se contentaient nos pères, fort peu exigeants d'ailleurs sous ce rapport.

Avant 1837 il n'y avait pas à Rennes de feuille spécialement affectée aux choses du Théâtre. Un journal politique local, *l'Auxiliaire breton*, fondé en 1830, donnait de temps en temps quelques comptes rendus des représentations. Plus tard, vers 1841, un autre journal politique, *le Progrès*, fit de même. Ce fut le 5 novembre 1837 qu'une joyeuse société d'étudiants fit paraître le FOYER, *Journal-Programme du Théâtre de Rennes*.

Le *Foyer*, d'assez modeste format, se composait de quatre pages, à deux colonnes d'abord, à trois ensuite. Pendant quelques années, de 1837 à 1841, il s'imprima sur du papier dont la couleur changeait avec chaque numéro; puis, de 1841 jusqu'à sa mort, il se contenta du vulgaire papier blanc. Il ne paraissait pas à date fixe, mais seulement les dimanches où il y avait représentation au théâtre. De temps en temps il offrait en prime à ses abonnés des dessins lithographiés, imprimés hors texte, et dus au crayon de ses rédacteurs et de quelques amateurs ou artistes rennais[1]. L'abonnement était de 5 francs pour Rennes, de 6 francs par la poste. Le numéro coûtait 0,15 centimes, mais les gravures ne se vendaient pas séparément et étaient réservées aux seuls abonnés.

Le contenu du journal était d'ordinaire peu varié : peu ou point de critique littéraire; beaucoup de poésies pendant quelques années; très souvent des articles fantaisistes sans grande portée; des pointes plus ou moins acérées à l'adresse de l'autorité et sur-

---

1. On conserve précieusement, dans la collection d'Iconographie bretonne du Musée archéologique de Rennes, quelques-unes de ces lithographies dont plusieurs sont devenues rarissimes.

tout des professeurs des Facultés qui ne s'en portaient
pas plus mal; enfin, tout naturellement, la critique
des pièces et des acteurs avec le programme du jour.

Généralement les « prosateurs » et les « critiques »
du *Foyer* ne signaient pas leurs articles, mais il n'en
était pas de même des poètes fort nombreux qui émail-
laient de leurs alexandrins les colonnes du Journal-
Programme. De 1837 à 1841 on n'en compte pas
moins de vingt-et-un qui s'appellent Hippolyte Lucas,
René Kerambrun, Émile Langlois, Ernest Turin, Paul
Rabuan, C. Bethuys, Édouard Turquety, A. Desbarres,
Édouard Udelez, Louis de Léon, Aristide Letourneux,
Eugénie Vailland, Alphonse Marteville, V. Mangin,
Louyer-Villermay, Hippolyte Allain, Georges Muller,
Émile Alliot, Théophile Méla, Paul Riwal, Leconte
de Lisle.

Le futur académicien — car c'est bien lui que nous
venons de nommer — faisait alors ses études à Rennes ; il demeurait rue des Carmes, chez son corres-
pondant, M. Liger, parent ou ami de son père. S'il fut
peu assidu aux cours de la Faculté, en revanche il
écrivit assez souvent dans les petits journaux ou les
Revues éphémères qui s'imprimaient alors. Il publia
dans le *Foyer* deux poésies : *Une Fleur du Gange* dans
le n° 53 du 1er décembre 1839, et *La Fuite*, dans le
n° 60 du 26 janvier 1840. Peu après il quitta le *Foyer*
pour fonder une autre petite feuille théâtrale dont

nous allons parler tout à l'heure. Il écrivit aussi dans une Revue mensuelle, *la Variété*, dont le premier numéro parut en avril 1840, et qui s'éteignit sans bruit après sa douzième livraison, en mars 1841 [1]. Dans ces douze numéros de la *Variété* la signature de Leconte de Lisle se rencontre dix fois : il signe deux nouvelles: *Mon premier amour en prose* et *Une peau de tigre* ; cinq poésies dont une dédiée à Lamennais ; enfin trois études littéraires dont voici les titres : 1° *Hoffmann. De la Satire fantastique*; — 2° *Schéridan. De l'Art comique en Angleterre*; — 3° *André Chenier. De la poésie lyrique à la fin du XVIIIe siècle.*

*
* *

Dans les premiers jours de février 1840, les critiques du *Foyer* provoquèrent de violents orages au théâtre de Rennes. La directrice, Mme Rouzé-Bourgeois, se fâcha et mit tout bonnement à la porte les vendeurs du journal-programme. L'éditeur-gérant du *Foyer* adressa aussitôt cette lettre au Maire :

1. Voici, tel que nous le copions dans cette Revue, quel était le programme de la *Variété* : « Émancipation de l'intelligence, tendances religieuses, appel à tous les jeunes et nobles esprits qui se sentent entraînés par l'espoir de faire quelque peu de bien. »

Rennes, le 12 février 1840.

MONSIEUR LE MAIRE,

La directrice du spectacle, Mme Rouzé-Bourgeois, a-t-elle bien le droit d'interdire la vente du *Foyer* dans l'intérieur de la salle, prenant pour prétexte que l'on censure ses acteurs ? Le *Foyer* n'a d'autre but que de rendre compte du spectacle, d'analyser les pièces et de critiquer la manière dont elles ont été jouées: Vous en avez autorisé la vente, et je ne pense pas que la directrice, de son autorité privée, puisse l'interdire.

Seriez-vous assez bon, Monsieur le Maire, de prendre un arrêté à cet égard, afin que notre publication n'éprouve pas d'entraves.

Je suis, etc.

MOLLIEX,
Éditeur du *Foyer*[1].

Deux jours après l'envoi de cette lettre, l'éditeur-gérant du *Foyer* recevait cette réponse du Maire de Rennes :

---

1. Malo-Marc Molliex-Gozé, libraire-éditeur, rue Royale, 8, était un ancien sergent-major aux Marins de la Garde impériale. Capitaine, puis major de la Garde nationale de Rennes, il avait été nommé Chevalier de la Légion d'honneur en 1833. Il était né à Saint-Malo en 1790, et il mourut à Rennes en 1854. — Molliex cessa d'être l'éditeur-gérant du *Foyer*, en 1841. Ce fut ensuite le libraire Blin qui en fut le dépositaire jusqu'en 1846, puis le libraire Grandhomme jusqu'au moment où le journal disparut. En octobre 1841, toute la rédaction du *Foyer* se retira, sauf un étudiant vétéran, Édouard Gorges, qui resta seul rédacteur et gérant.

14 février 1840.

Monsieur,

J'écris aujourd'hui à Mme Bourgeois pour l'engager à conti-nuer de laisser vendre le *Foyer* dans l'intérieur du théâtre. Je vous préviens cependant que si Mme Bourgeois ne veut pas accorder à votre agent l'entrée gratuite, vous serez obligé de lui faire prendre une carte au bureau.

En continuant de vous laisser jouir de la faveur de laisser vendre votre journal dans la salle de spectacle, je crois devoir vous rappeler que, dans l'intérêt bien entendu de l'art drama-tique lui-même, il convient que les articles que vous publiez sur les acteurs et sur leur manière de remplir leurs rôles, soient toujours écrits avec modération et politesse. La critique a pour mission d'éclairer et non d'irriter. Il y a, pour un homme d'esprit, moyen de blâmer les défauts, de donner des avis, sans blesser la juste susceptibilité de ceux auxquels ils s'adressent. Votre journal a suscité quelques divisions. On lui reproche des personnalités un peu trop vives. Évitez à l'avenir cet écueil ; vous le pourrez en écrivant avec cette urbanité qui n'exclut pas la justice.

Je crois qu'une critique sage est fort utile ; elle profite aux acteurs et au public. Mais une critique passionnée amènerait inévitablement des désordres que je dois chercher à prévenir. Prenez donc les précautions nécessaires pour que le *Foyer* soit rédigé avec plus de circonspection ; c'est à cette condition seulement que je puis lui permettre l'entrée du théâtre.

Et à la même date le Maire adressait à la directrice les paternels avis et les sages conseils que voici :

MADAME,

L'éditeur du journal *Le Foyer* vient de m'écrire pour me prévenir que vous ne voulez plus lui permettre de vendre ce journal dans l'intérieur de la salle de spectacle les jours de représentation.

Permettez-moi de vous faire observer que la vente ou la distribution dans un théâtre d'annonces, programmes ou journaux sont des faits qui tombent exclusivement sous la surveillance de la police, et que c'est à elle seule à les autoriser ou défendre, parce qu'un théâtre les jours de représentation est un lieu public.

Votre droit se borne à exiger des vendeurs et distributeurs le même prix d'entrée que des autres assistants.

Il ne faut pas s'effrayer, Madame, de la critique d'un journal. En exprimant une opinion favorable ou défavorable sur les artistes de votre troupe et sur votre administration, le *Foyer* fait ce que font mille autres de ses confrères, chaque jour, et dans les mêmes circonstances. Le mieux est de profiter des conseils quand ils sont bons, et de ne point se tourmenter des critiques injustes; le public lui-même en fait justice.

Un peu de réflexion vous convaincra que, dans votre propre intérêt, il est plus sage de laisser au feuilleton toute sa liberté. S'en fâcher et l'expulser du théâtre, ce serait lui donner plus d'importance qu'il n'en prétend lui-même. A l'avenir, vivez en paix avec lui, et si ce n'est pas par justice, au moins par recon-

9

naissance, il deviendra peut-être plus circonspect dans ses jugements.

Je vous envoie copie de la lettre que j'adresse au gérant du journal. J'espère qu'elle vous rassurera.

Malgré l'intervention de la municipalité la paix ne put se faire. Les bouillants rédacteurs du *Foyer* ne pouvant se résoudre à la « modération », à la « politesse », à l'« urbanité » que leur conseillait le Maire, le pauvre Journal-programme se vit définitivement expulsé du théâtre.

* * *

C'est alors que Leconte de Lisle et un de ses camarades de l'École de Droit, Michel-Villeblanche, se séparèrent de leurs amis du *Foyer* et résolurent de fonder à leur tour un nouveau journal-programme du spectacle sous ce titre peu encourageant pour les acteurs : *le Sifflet.* Les deux transfuges du *Foyer* adressèrent à cet effet cette lettre au Maire de Rennes :

24 novembre 1840.

MONSIEUR LE MAIRE,

Ayant le désir de faire paraître un journal du Théâtre, nous venons vous demander l'autorisation de le faire vendre dans la Salle de Spectacle le dimanche seulement.

Soyez persuadé, Monsieur le Maire, qu'il ne s'agit ici que d'un feuilleton purement littéraire, et que notre intention n'a jamais été de nous occuper de politique ni de faire une méchante critique d'acteurs plus à plaindre qu'à blâmer.

Nous espérons, Monsieur le Maire, que vous serez assez bon pour nous accorder cette permission.

Nous avons l'honneur d'être, etc.

P. MICHEL-VILLEBLANCHE,   C. LECONTE DE LISLE,
Gérant.   Gérant.

Rue Saint-Melaine, 10[1].

La réponse du Maire ne se fit pas attendre, car dès le surlendemain il adressait à nos deux jeunes étudiants l'autorisation demandée, mais il ne jugeait pas inutile de leur faire en même temps, suivant son habitude, quelques sages recommandations :

26 novembre 1840.

MESSIEURS,

Je vous accorde l'autorisation que vous me demandez de faire vendre dans la Salle de Spectacle un journal littéraire que vous vous proposez de faire paraître.

Cette autorisation vous est accordée cependant sous la condition que le journal soit rédigé avec convenance, et qu'il s'ex-

---

1. Cette adresse est celle de Michel-Villeblanche. Leconte de Lisle a toujours demeuré rue des Carmes depuis sa première inscription de baccalauréat (15 janvier 1839) jusqu'à sa première inscription de licence (13 avril 1842).

prime toujours sur les artistes dramatiques sans aigreur. Le *Foyer* s'était attiré l'animadversion de plusieurs d'entre eux par sa critique trop incisive ; des querelles s'en étaient suivies et la vente de ce journal dut être interdite. Je sévirais de la même manière s'il était fait abus de la permission que je donne. Il y a toujours pour un journaliste homme d'esprit, moyen de dire la vérité, de donner des conseils, sans provoquer des rancunes : en général on gagne plus à encourager qu'à blâmer. Je vous invite à prendre ce système...

Et le premier numéro du *Sifflet* parut dans le courant de décembre 1840.

Combien de temps vécut le nouveau journal ? Sa critique fut-elle ou ne fut-elle pas « trop incisive » ? Nous ne sommes pas renseigné sur ce point, car, à notre grand regret et malgré toutes nos recherches, il nous a été jusqu'à présent impossible de nous procurer la collection du journal de Leconte de Lisle et Michel-Villeblanche, que le *Foyer*, son grand frère aîné, appelait malicieusement le *Sifflé*.

*
* *

Et maintenant revenons un peu en arrière et parlons de la joyeuse fantaisie que se permirent un jour les jeunes rédacteurs du *Foyer* en publiant un numéro entièrement en vers, depuis la « manchette » jusqu'au

nom de l'imprimeur. Ce curieux numéro porte la
date du dimanche 30 décembre 1838. Nous allons
en donner quelques extraits.

En tête, et encadrant les deux marottes en sautoir
qui constituent sa vignette habituelle, le *Foyer* traves-
tit ainsi la classique devise de la Comédie :

> Castigat mores ridendo,
> Pour trois sous chaque numéro.

Puis, à droite et à gauche de la vignette, quatre
quatrains reproduisent les avis qui figurent ordinaire-
ment en tête d'un journal, c'est-à-dire les indications
relatives aux jours de publicité, aux prix et aux conditions d'abonnement, ainsi qu'à l'adresse de l'éditeur :

> Ce petit journal étourdi,
> En dépit de toute cabale,
> Paraît la veille du lundi
> Pendant la saison théâtrale.

> Le dimanche, chaque abonné,
> S'il est habitant de la ville,
> Reçoit toujours à domicile
> *Le Foyer* pour son déjeuné.

> Avis important. — On s'abonne
> Sans jamais souffrir de refus,
> En payant cinq francs par personne,
> Et, par la poste, un franc de plus.

Adresser lettres et paquets
A Monsieur Molliex, le libraire,
Franc de port et sans aucun frais,
Suivant la coutume ordinaire.

La première colonne du journal commence par un
avis rappelant aux retardataires qu'ils n'ont pas
encore réglé le prix de l'abonnement, et les invitant
à passer à la caisse :

Ceux de nos abonnés hors la ville de Rennes
Qui doivent le montant de leurs abonnements,
Sont priés d'envoyer, pour ses bonnes étrennes,
Au *Foyer*, sur la poste, un mandat de six francs.

Puis vient, sous le titre « Souhaits de bonne
année », une pièce de cent-douze alexandrins dont
voici le début :

Depuis que dans ces murs notre feuille rieuse
A commencé pour vous sa carrière joyeuse,
Depuis que nos sifflets font justice des nains,
Nous avons entendu vos battements de mains.
Le succès enhardit. Nous voulons, pour vous plaire,
Transformer aujourd'hui la feuille hebdomadaire,
Et, sur notre dessein dût-on crier haro,
De vers bons ou mauvais remplir ce numéro.

. . . .

Après les « Souhaits de bonne année » vient un
un article intitulé « Rennes », pièce de soixante-

huit vers dans laquelle sont énumérés les occupations et les plaisirs de l'hiver :

C'est en vain que l'hiver pèse sur nos contrées ;
Le bal va le charmer par de douces soirées.
Le Théâtre, le Cirque et les Concerts joyeux
Dérideront aussi quelques fronts soucieux ;
Et notre Fris'-Poulet, bobèche de province,
Egaira l'ouvrier dont la bourse est plus mince[1].

Puis le rimeur passe en revue les articles d'étrennes
étalés derrière « les vitres rayonnantes » par les marchands de nouveautés, les confiseurs, les bimbelotiers,
les libraires :

Déjà les magasins de fraîches nouveautés
Par un luxe frivole attirent nos beautés,
Et montrent, à travers les vitres rayonnantes,
La gaze et les rubans aux couleurs chatoyantes.
On y court acheter ces riens si doux à voir,
Qui doivent s'embellir de l'éclat d'un œil noir.
Chez tous les confiseurs voyez comme on étale
Des monceaux d'angélique étayés en spirale ;
Et des clochers de sucre, et des flots de bonbons,
Et des chocolats fins changés en hannetons.

___

1. Frise-Poulet était un forain dont le spectacle attirait à cette époque la
foule sur l'ancienne Place-aux-Arbres où il avait pour voisin et concurrent
un autre forain, Riquiqui. Quelques rares vieux Rennais doivent encore se
souvenir de ces deux « artistes » (Voyez à leur sujet dans *Bretagne-Revue*,
nos 1 et 2 de mars et avril 1893, notre article *Vieux Rennes*, signé du pseudonyme *Blanche-Barbe*).

Les marchands de jouets, si chers au premier âge,
Exposent à grands frais des oiseaux sans plumage,
Des fusils innocents et des chevaux de bois
Au fond de leurs greniers tapis depuis dix mois.
Vous pouvez voir aussi briller chez nos libraires
Les chefs-d'œuvre nouveaux en pompeux exemplaires ;
Souvestre, Turquety, Châteaubriand, Hugo,
Surchargent les comptoirs de leurs in-octavo.

Après l'agréable, l'utile ; après le frivole, le sérieux.
Ainsi pensent nos poètes quand ils conseillent la fré-
quentation des cours de la Faculté et des séances de
lectures à la Bibliothèque publique :

Mais le plaisir aussi demande un intermède ;
Il faut bien que l'utile à l'amusant succède.
Il ne faut pas toujours que l'heure qui s'enfuit
Nous livre la main vide à l'heure qui la suit.
A cultiver l'esprit la vie est destinée.
Nous aurons donc ici, pour remplir la journée,
L'étude et le travail, pour nous facilités
Par les doctes leçons de nos deux Facultés,
Puis ces livres poudreux aux éloquentes pages
Que Maillet met en ordre et range par étages[1].

Les plaisirs et les occupations de l'hiver ne font
point oublier le joyeux printemps avec « ses soleils

---

1. Dominique Maillet était à ce moment bibliothécaire de la Ville et
s'occupait de la rédaction du catalogue des livres dont la conservation lui
était confiée. Il était très estimé et très aimé des étudiants.

d'or », ni les douces promenades de l'été sous les ombrages du Thabor, du Mail ou de la Prévalaye :

> Ainsi, dans ce climat, tout triste qu'on le dit,
> Sur ce dur sol breton que l'étranger maudit,
> Durant l'hiver morose, en déliant sa bourse,
> On peut contre l'ennui trouver quelque ressource.
> Mais vienne le printemps avec ses soleils d'or,
> Et nous aurons le Mail et le riant Thabor,
> Et les champs pleins de fleurs, et le Jardin des Plantes
> Où se glissent le soir tant de femmes charmantes,
> Qui viennent voir fleurir un arbuste étranger
> Ou sentir les parfums qu'exhale l'oranger ;
> Puis au bord du canal les joyeuses baignades
> Et de la Prévalais les douces promenades.

Les rêves de printemps sont finis et le poëte se réveille. Le perfide brouillard, le pavé gluant, la pluie et l'aquilon le rappellent à la réalité :

> Hélas ! ces jours sont loin. Un perfide brouillard
> Étend son voile gris devant notre regard !
> Sur le pavé gluant, sur la vitre sonore,
> La pluie et l'aquilon retentissent encore,
> Et près de mes tisons qui s'éteignent toujours,
> Ce n'est qu'en rêve seul que je vois de beaux jours.

Et il termine ainsi :

> Mais finissons. Je sens aujourd'hui que ma plume
> N'a plus, comme autrefois, sa mordante amertume,

Et je crains que, trouvant ces vers peu de son goût,
Quelque lecteur malin n'aille crier partout
Qu'aux bonnets de coton de la ville de Rennes
Le *Foyer* s'est vendu pour avoir des étrennes.

* *
*

La troisième page du Journal est presque entièrement remplie par une jolie pièce de vers intitulée *Prière*, du charmant poète Émile Langlois, l'un des collaborateurs assidus du *Foyer*, et dont les œuvres poétiques mériteraient d'être recueillies. Cette pièce est la seule qui, dans ce numéro spécial, soit signée ; c'est aussi la seule qui soit sérieuse.

La quatrième page contient un compte rendu du *Concert-Musard*, une Chronique théâtrale, l'annonce d'un bal donné par le *Cercle musical*, celle d'une représentation avec tombola au *Théâtre du Cirque*, un logogriphe, et enfin une annonce de librairie précédée du programme de la représentation théâtrale du jour.

Le Cercle musical était une société composée de quelques artistes professeurs et d'un plus grand nombre d'amateurs de la ville ; c'était l'ancienne Société philharmonique déjà plusieurs fois organisée et aussi souvent désorganisée et qui renaissait pour briller pendant de longues années d'un vif éclat et recueillir des succès qui n'ont point été oubliés parce qu'ils n'ont point été éclipsés. A l'époque qui nous occupe (1838-1839) le Cercle musical ajouta à ses concerts ordinaires des bals qui eurent une certaine vogue. C'est celui du 2 janvier 1839 que le *Foyer* annonce en ces termes :

Mesdames et Messieurs, le Cercle musical
Mercredi, deux Janvier, donne son premier bal.
Beethoven vous faisait dormir sur votre chaise,
Weber était trouvé parfois fort assommant;
Vous dormiez aux Concerts. Bravo! J'en suis fort aise;
    Eh! bien, dansez maintenant.

Oh! l'Art ne peut périr!!!... Pour jouer des quadrilles
Si, sans remords, le Cercle a détrôné Mozart,
C'est pour ne plus vous voir bailler, ô jeunes filles!
Ses Concerts sont dansans, dans l'intérêt de l'Art.
Prrrenez donc vos billets, Messieurs; c'est magnifique!
N'allez pas au plaisir rester indifférens.
O divine harmonie! O sublime musique!
On joûra mercredi... des pièces de 5 francs.

Nous avons dit plus haut ce qu'étaient les Concerts-Musard; nous n'y reviendrons pas. Le *Foyer* rend ainsi compte du premier de ces concerts qui eut lieu le 22 décembre 1838, et pendant lequel s'était fait entendre un jeune artiste qui fut longtemps applaudi et fêté à Rennes, le violoniste Pilet :

Notre Concert-Musard a donné le vingt-deux
Sa première soirée, et nous sommes heureux
D'avoir à constater un succès honorable.
Si l'entreprise obtient une vogue durable,
Ce que nous espérons, nous pourrons cet hiver
Avoir pour nos vingt sous un amusant concert.
La salle était charmante, et l'orchestre sonore,
Placé sur un parquet que le bon goût décore,
Jetait avec ensemble au public attentif
Tantôt un air joyeux, tantôt un chant plaintif.
Les valses de Jean Strauss, fraîches comme *la Rose*
Qui leur donna son nom, faisaient rêver la pose
Dont l'Allemande seule a trouvé le secret.
La vieille contre-danse, à l'air prude et discret,
Grâce à l'archet savant, forçait les moins ingambes
A sauter sur leur chaise et remuer les jambes.
Mais lorsque, comprenant un artiste complet,
Nous avons entendu le solo de *Pilet*,
Chacun applaudissant sa verve musicale,
D'unanimes bravos a fait trembler la salle.
Alors nous avons vu se dérider le front
Du dandy qui, laissant retomber le lorgnon,
Semblait tout consterné de n'avoir dans les loges
Découvert nul minois digne de ses éloges,
Qui pût servir de but à son regard vainqueur.
Enfin, nous vous dirons qu'en prudent éclaireur,
Plus d'un mari venu reconnaître la voie,
N'a pu dissimuler quelques signes de joie,
Et que le sept janvier, jour du second début,
Les dames au concert viendront payer tribut.

La troupe dramatique du directeur Tony venait
de terminer son séjour et quittait la ville pour
céder la place à la troupe lyrique du directeur Laurent.
Le *Foyer* rend compte de la dernière représentation
de la troupe de comédie et annonce les débuts de
la troupe d'opéra. Après avoir fait ses adieux aux
acteurs de Tony il continue :

> Ils sont partis.... Déjà la troupe de Laurent
> Vient occuper leur place, et joue en débutant
> L'opéra de *Robert*, chef-d'œuvre du génie
> Du sombre Meyerbeer, Hugo de l'harmonie.
> On dit la troupe bonne, et les journaux du Mans
> Ont, parmi les acteurs, vanté quelques talents :
> Belle prima-dona, bon ténor, forte basse,
> Doivent justifier leur début plein d'audace.
> S'ils répondent tantôt à nos ardents souhaits,
> Dimanche nous rendrons compte de leurs succès.

Les bals, les concerts, les représentations théâtrales
n'étaient pas les seuls plaisirs offerts aux Rennais au
cours de l'hiver de 1838-1839. Pendant que la nouvelle salle de spectacle abritait les comédiens et les
chanteurs, l'ancienne salle, devenue le Théâtre du
Cirque, était occupée par la troupe équestre de Robba,
Vidal et Jacob.

Le *Foyer* annonce en ces vers les dernières soirées
des écuyers, ainsi que la tombola, au prix de 6 francs
le billet, qui doit être tirée au Cirque, et dont les

principaux lots consistent en une voiture et deux chevaux sardes :

Nous pataugeons vraiment dans un réseau de fêtes,
Bals, spectacles, concerts... Et cependant vous êtes
Capable de trouver Rennes fort ennuyeux.
Vous n'avez qu'à choisir. Que vous faut-il de mieux ?
Profitez donc du temps : voyez-vous pas Carême
Se hâter d'arriver avec sa face blême,
Fossoyeur si pressé d'enterrer Carnaval
Dans les cendres en deuil du mercredi fatal !
Or, si vous n'aimez pas le théâtre où l'on chante,
Vous avez cet hiver une salle charmante,
Où Jacob et Robba recueillent chaque soir
Les bravos du public étonné de les voir.
Mais, je vous en préviens, c'est à vous de conclure :
L'affiche, l'autre jour, annonçait la clôture.
Croyez-moi, hâtez-vous ! Quoi qu'il en soit, voilà
Qu'on nous annonce encore une autre tombola.
Deux billets gagneront, l'un d'eux une voiture,
Et l'autre deux chevaux sardes, de race pure.
Parmi d'autres cachés, les numéros gagnants
Chez Monsieur Walravens se vendent pour six francs[1].

Comme aujourd'hui, les journaux d'autrefois con-
tenaient souvent à leur quatrième page des devinettes,
des énigmes, des charades, des logogriphes ; c'était

---

1. M. Walravens était un ancien instituteur, alors propriétaire du Théâtre
du Cirque et du café y attenant, et c'était chez lui que se prenaient les billets
et que se faisait la location des places.

même la règle assez habituelle, et le *Foyer* n'avait garde d'y manquer. Dans son numéro précédent il avait donné cette charade : « Point de pain sans mon premier ; de gamme sans mon dernier ; peu de champs sans mon entier. » Dans son numéro en vers il donne ainsi le mot :

> La dernière charade avait pour mot *fourmi*,
> Mot qui, décomposé, vous donne *four* et *mi*.

Après l'explication de la charade, nous lisons le programme de la représentation du soir, puis cette annonce de librairie :

> Monsieur Molliex, libraire à Rennes,
> Vient de recevoir de Paris
> Des volumes de tous les prix,
> Propres à donner en étrennes.
> Ces volumes sont illustrés
> Des plus élégantes gravures ;
> Quelques-uns ont des reliures
> Dont tous les détails sont dorés.
> Nous vous recommandons entr'autres
> Le dernier poème sorti
> De la plume de Turquety,
> Car ce jeune homme est un des nôtres[1].

---

1. Édouard Turquety était en effet un des amis et des collaborateurs des rédacteurs du *Foyer*. Il venait de publier ses *Hymnes sacrées* ; c'est le volume auquel il est fait allusion ici.

Enfin, comme la loi exige que le nom de l'imprimeur figure à la fin du journal, le *Foyer* obéit, toujours en vers, à cette sage et utile prescription, et il termine son numéro fantaisiste par ce distique :

Notre petit journal s'imprime en cette ville,
Chez notre typographe Alphonse Marteville.

Sur les quatre cents vers dont se compose le numéro du 30 décembre 1838 du *Foyer* une seule pièce est signée ; c'est, nous l'avons dit, la *Prière*, d'Émile Langlois. Quant aux autres « morceaux », quels en sont les auteurs ? Nous avons interrogé à ce sujet plusieurs vieux Rennais qui furent contemporains du petit Journal-programme et qui firent même souvent partie de la bande joyeuse. Ils nous ont répondu que le numéro en vers que nous venons d'analyser fut composé par deux étudiants en droit, rédacteurs habituels du *Foyer*, Paul Rabuan et René Kerambrun[1].

1. Paul-Jean-Marie Rabuan du Coudray, né à Rennes le 6 janvier 1813, mort dans la même ville en 1884. Il fut d'abord militaire, puis avocat à Rennes. En 1848 il fut élu représentant du peuple à l'Assemblée nationale. Il fut ensuite nommé procureur impérial à Guingamp, puis conseiller à la Cour de Rennes, enfin retraité en cette qualité et nommé conseiller honoraire. Ses concitoyens l'appelèrent à siéger au Conseil municipal. — Guillaume-René Kerambrun collabora à *la Bretagne* de Jules Janin et à la *Biographie bretonne* de Levot. Il publia dans plusieurs journaux de Bretagne beaucoup de poésies, dont quelques-unes fort remarquables. En 1848 il écrivit de nombreux articles politiques et économiques dans la presse parisienne. Il mourut en 1852, à Guingamp, à l'âge de 39 ans.

* *
*

Encouragés sans doute par le succès qu'avait obtenu leur numéro en vers du 30 décembre 1838, les jeunes poëtes (ou leurs camarades) renouvelèrent deux fois leur originale fantaisie pendant l'existence du *Foyer*, le 10 mars 1839 et le 5 janvier 1840.

Ces deux numéros, nous devons le dire, ne valent pas le premier, et nous nous contenterons d'en citer quelques lignes.

Le numéro du 10 mars 1839 contient le programme d'un concert donné par la première chanteuse du théâtre, Mlle Augustine Constant, avec le concours de Warot et de Gribauval, le ténor et le baryton de la troupe, et de plusieurs artistes professeurs de la ville, le pianiste Moppert, le flûtiste Godfroy et le violoncelliste Brune. Cela débute ainsi :

PROGRAMME d'un concert vocal
Également qu'instrumental,
Donné dans notre Hôtel-de-Ville
Par A. Constant, élève habile
De dame Cinti-Damoreau,
Et qui chante comme un oiseau.

Vient le programme détaillé avec les titres des morceaux, les noms et les qualités des exécutants, et le tout se termine ainsi :

10

A sept heures s'ouvre la porte.
Une heure après, joyeux éclats,
Et que le diable vous emporte,
Lecteur, si vous n'y venez pas.

Le dernier numéro en vers du *Foyer* porte la date du 5 janvier 1840. Nous n'y trouvons pas grand'chose à glaner; toutefois nous y remarquons une *Chronique théâtrale* assez bien tournée, puis une pièce intitulée *L'an 1840* et dans laquelle l'auteur, rappelant que la fin du monde avait été prédite pour cette époque, s'empresse de rassurer les édiles rennais sur le sort qui les attend après leur mort :

..... Voici venir la justice divine
Qui, nous enfermant tous dans un cercle de fer,
Plongera sans pitié les humains dans l'enfer.
Elle n'épargnera pas un point de l'espace;
Les municipaux seuls devant elle auront grâce,
Car dans les livres saints on sait qu'il est écrit :
« Le Royaume des Cieux est aux pauvres d'esprit. »
A ce titre ils ont droit à beaucoup d'indulgence,
Et doivent désarmer la céleste vengeance.

TABLE DES MATIÈRES

CHAPITRE XII

CHAPITRE XIII

CHAPITRE XIV

CHAPITRE XV

PUBLICATIONS DU MÊME AUTEUR

Notice biographique sur Rallier du Baty, maire de Rennes de 1695 à 1734. — Rennes, imp. A. Le Roy fils, 1875, in-8° (La partie principale de cette Notice a paru dans le tome X des *Bulletin et Mémoires de la Société archéologique d'Ille-et-Vilaine*).

Recherches d'histoire locale. — Deux fêtes à Rennes, en 1744 et 1769. — Rennes imp. Ch. Catel, 1877, in-8° (Extrait du tome XI des *Bulletin et Mémoires de la Société archéologique d'Ille-et-Vilaine*.)

Notice biographique sur Francis Blin, peintre paysagiste. — Rennes, imp. A. Le Roy fils, 1878, in-8°.

Notice sur la Patère d'or découverte à Rennes en 1774. — Rennes, imp. Ch. Catel, 1879, in-8° avec gravures communiquées par le *Magasin Pittoresque* (Extrait du tome XIII des *Bulletin et Mémoires de la Société archéologique d'Ille-et-Vilaine*).

Notice sur la Vie et les Travaux de M. Auguste André, conseiller honoraire à la Cour d'Appel de Rennes, ancien Président de la Société archéologique d'Ille-et-Vilaine, Directeur honoraire du Musée archéologique de la ville de Rennes. — Rennes, imp. Ch. Catel, 1879, in-8°, avec un portrait dessiné par Gustave Rouault, héliogravure de Dujardin (Extrait du tome XIII des *Bulletin et Mémoires de la Société archéologique d'Ille-et-Vilaine*.)

Excursion à Saint-Briac (Ille-et-Vilaine). — L'alignement mégalithique de la Croix-des-Marins. — Rennes, imp. Ch. Catel, 1879, in-8°, avec sept vues dessinées et gravées par Th. Busnel et une carte en couleurs de la côte de Saint-Briac (Extrait du tome XIII des *Bulletin et Mémoires de la Société archéologique d'Ille-et-Vilaine*).

Jean Thurel. — Épisode du séjour à Rennes du régiment de Touraine en 1788. — Rennes, imp. Ch. Catel, 1880, in-8° (Extrait du tome XIV des *Bulletin et Mémoires de la Société archéologique d'Ille-et-Vilaine*).

Recherches d'histoire locale. — Notes et documents concernant la Grosse Horloge de Rennes. — Rennes, imp. Ch. Catel, 1880, in-8°, avec un dessin gravé sur pierre (Extrait du tome XIV des *Bulletin et Mémoires de la Société archéologique d'Ille-et-Vilaine*).

Souvenir des Fêtes de Rennes. — Promenade à travers l'Exposition artistique et archéologique du Présidial. — 15-25 mai 1880. — Rennes, imp. E. Baraise et Cie, 1880, in-12 (sous le pseudonyme *L. Dervillés*).

De Rennes au cap Fréhel. — Voyage pittoresque et artistique. — Trente illustrations de Th. Busnel, Tancrède Abraham, H. Gambard, Dolivet, Paul Sébillot, Th. Mahéo (*Bretagne artistique*, Nantes, 1881, gr. in-8°.)

Trésor du jardin de la Préfecture, à Rennes — Époque gallo-romaine : sarcophages, urnes cinéraires, amphores, bijoux, médailles. — Notice et description. — Rennes, Verdier fils aîné, 1882, in-8°, avec cinq planches gravées, quatre planches en couleurs et un plan de la ville de Rennes sur lequel sont indiquées l'enceinte gallo-romaine et les principales découvertes archéologiques faites tant en dedans qu'en dehors de cette enceinte (Extrait du tome XV des *Bulletin et Mémoires de la Société archéologique d'Ille-et-Vilaine*).

Description de divers objets anciens, et notamment de haches et épées en bronze, trouvés à Rennes. — Rennes, H. Caillière, 1883, in-8°, avec une planche gravée (Extrait du tome XVI des *Bulletin et Mémoires de la Société archéologique d'Ille-et-Vilaine*).

Notices sur les rues, ruelles, boulevards, quais, ponts, places et promenades publiques de la ville de Rennes. — 1re édition. — Rennes, A. Le Roy fils, 1883, in-8°. (Les 2e, 3e et 4e éditions ont paru de 1884 à 1891 dans l'*Annuaire officiel d'Ille-et-Vilaine*, Rennes, A. Le Roy, éditeur.) — 5e édition. — Rennes, A. Le Roy, 1892, avec gravures.

Chansons populaires recueillies dans le département d'Ille-et-Vilaine. — 1 vol. in-12 elzévir de xxviii-464 pages, avec 70 airs notés et une eau-forte d'Ad. Léonetti. — Rennes, H. Caillière, 1884 (Ouvrage couronné par la Société académique de Nantes).

Les Milliaires de Rennes. — Rapport présenté à la Société archéologique d'Ille-et-Vilaine, suivi d'études sur le même sujet par M. le capitaine Espérandieu, MM. T. Bézier et F. Robion, et accompagné de 14 gravures en noir ou en couleurs, tirées à part. — Rennes, H. Caillière, 1892, in-8° (Extrait du tome XX des *Bulletin et Mémoires de la Société archéologique d'Ille-et-Vilaine*).

Vieux Rennes. — Souvenirs et récits (Dans *Bretagne-Revue*. Rennes, 1893, sous le pseudonyme *Blanche-Barbe*).

Rennes-Illustré. — 11e édition (les dix premières éditions épuisées). — 1 vol. in-12 de 400 pages avec 56 gravures hors texte. — Rennes, Fr. Simon, 1897.

Inventaire du mobilier d'un négociant malouin au XVIIIe siècle. — Julien Bourdas, armateur, Conseiller Secrétaire du Roy, Maison et Couronne de France et de ses Finances. — 1714. — Rennes, H. Caillière, 1898 (Extrait du tome XXVII des *Bulletin et Mémoires de la Société archéologique d'Ille-et-Vilaine*).

Exposition de Rennes en 1897. — Archéologie, Arts rétrospectifs, Curiosités. — Rennes, H. Caillière, 1898 (Extrait du tome XXVII des *Bulletin et Mémoires de la Société archéologique d'Ille-et-Vilaine*).

POUR PARAITRE PROCHAINEMENT

Les Anciennes Faïenceries rennaises (Avec illustrations hors texte).

EN PRÉPARATION

L'Hôtel de Ville de Rennes. — Les Officiers et les Serviteurs de la Communauté (Mœurs et usages du XVIIIe siècle).

L'Hôtel de Ville de Rennes. — La statue de Louis XV et le sculpteur Lemoyne.

Imp. Fr. Simon, Rennes, Succr de A. Le Roy.

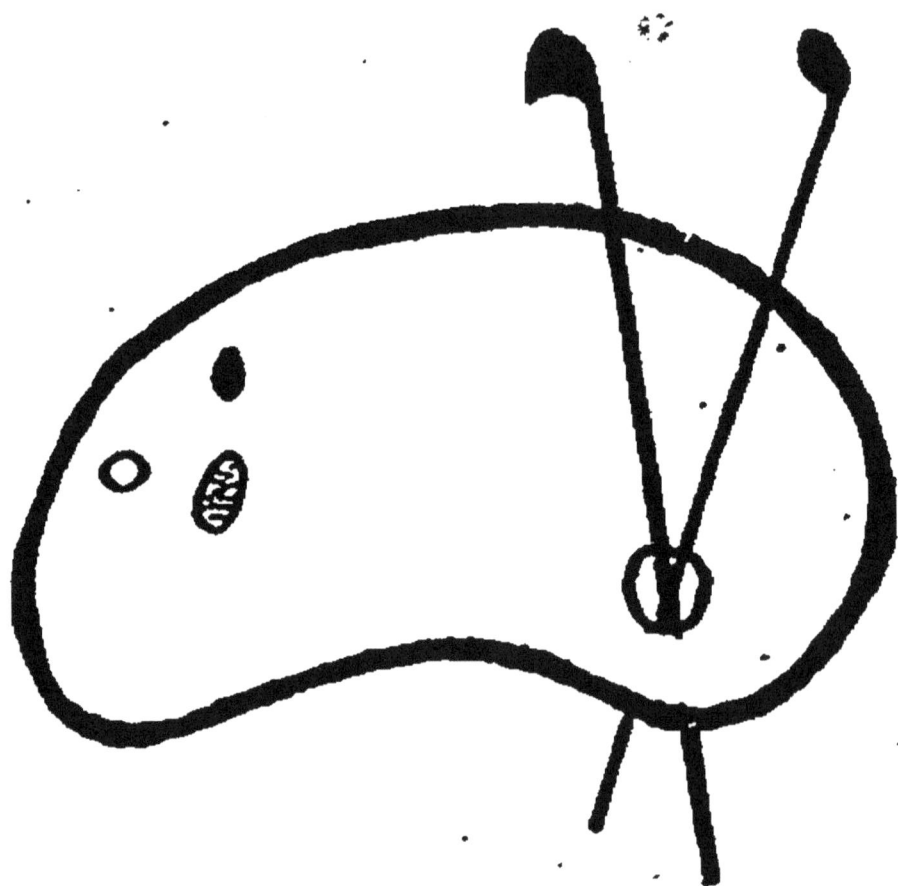

DEBUT D'UNE SERIE DE DOCUMENTS
EN COULEUR

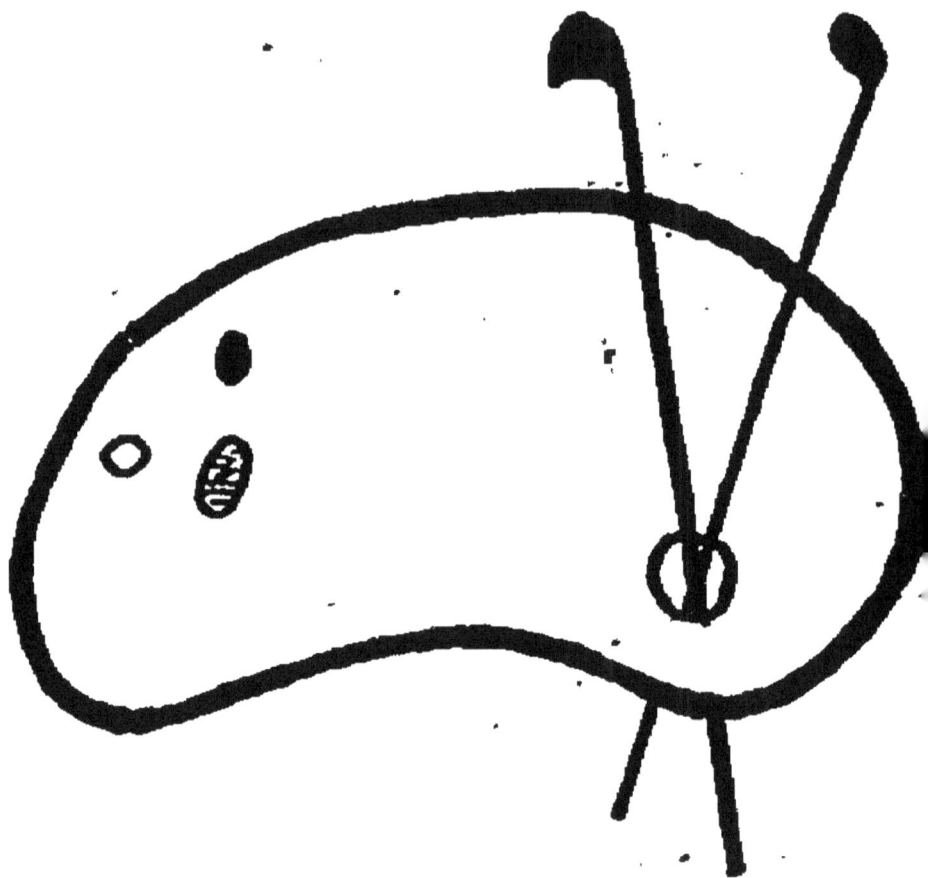

FIN D'UNE SÉRIE DE DOCUMENTS
EN COULEUR